세계를 사로잡은
문화 콘텐츠
한류

세계를 사로잡은 문화 콘텐츠 한류

2판 1쇄 발행 2021년 3월 1일

글쓴이	권동화
그린이	윤소
펴낸이	이경민

펴낸곳	㈜동아엠앤비
출판등록	2014년 3월 28일(제25100-2014-000025호)
주소	(03737) 서울특별시 서대문구 충정로 35-17 인촌빌딩 1층
전화	(편집) 02-392-6901 (마케팅) 02-392-6900
팩스	02-392-6902
전자우편	damnb0401@naver.com
SNS	

ISBN 979-11-6363-250-4 (74400)

※ 책 가격은 뒤표지에 있습니다.
※ 잘못된 책은 구입한 곳에서 바꿔 드립니다.
※ 이 책에 실린 사진은 위키피디아, 셔터스톡에서 제공받았습니다.
※ 이 도서의 국립중앙도서관 출판예정도서목록(CIP)은 서지정보유통지원시스템 홈페이지(http://seoji.nl.go.kr)와 국가자료공동목록시스템(http://www.nl.go.kr/kolisnet)에서 이용하실 수 있습니다. (CIP제어번호: CIP2017030748)

도서출판 뭉치는 ㈜동아엠앤비의 어린이 출판 브랜드로, 아이들의 지식을 단단하게 만들어 주고, 아이들의 창의력과 사고력을 키워 주어 우리 자녀들이 융합형 창의 사고뭉치로 성장할 수 있도록 좋은 책을 만들겠습니다.

펴내는 글

한류란 무엇일까? 한류가 널리 퍼질수록 좋은 걸까?
반한류 감정은 왜 생길까?

선생님의 질문에 교실은 한순간 조용해집니다. 인내심이 한계에 다다른 선생님께서 콕 집어 누군가의 이름을 부르는 순간 나는 걸리지 않았다는 안도감에 금세 평온을 되찾지요. 많은 사람 앞에서 어떻게 말을 해야 하나 고민해 보지 않은 사람은 없을 겁니다. 사람들 앞에서 자신의 생각을 조리 있게 전달하는 기술은 국어 시간에만 필요한 것이 아닙니다. 상급 학교 면접 자리 또는 성인이 된 후 회의에서도 자신의 의견을 분명히 표현하는 것이 중요합니다. 하지만 어디서부터 시작해야 할지 몰라 입을 떼는 일이 쉽지 않습니다. 얼떨결에 한 마디 말을 하게 되더라도 뭔가 부족한 설명에 아쉬움이 들 때도 많습니다.

논리적 사고 과정과 순발력까지 필요로 하는 토론장에서 자신만의 목소리를 내려면 풍부한 배경지식은 기본입니다. 게다가 고학년으로 올라가서 배우는 수업과 진학 시험에서의 논술은 교과서 이상의 것을 요구합니다. 또한 상대의 의견을 받아들이거나 비판하기 위해서는 의견의 타당성을 검토하고 높은 수준의 가치 판단을 해야 하는 경우가 많은데, 자신의 입장을 분명히 하기 위해서는 풍부한 자료와 논거가 필요합니다.

「초등 융합 사회과학 토론왕」 시리즈는 사회에서 일어나는 다양한 사건과 시사 상식 그리고 해마다 반복되는 화젯거리 등을 초등학교 수준에서 학습하고 자신의 말로 표현할 수 있도록 기획되었습니다. 체계적이고 널리 인정받은 여러 콘텐츠를 수

집해 정리하였고, 전문 작가들이 학생들의 발달 상황에 맞게 스토리를 구성하였습니다. 개별적으로 만들어진 교과서에서는 접할 수 없는 구성으로 주제와 내용을 엮어 어린이 독자들이 과학적 사고뿐만 아니라 문제 해결력, 창의적 발상을 두루 경험할 수 있도록 하였습니다. 또한 폭넓은 정보를 서로 연결지어 설명함으로써 교과별로 조각나 있는 지식을 엮어 배경지식을 보다 탄탄하게 만들어 줍니다. 이러한 통합 교과형 구성은 국어를 기본으로 과학에서부터 역사, 지리, 사회, 예술에 이르기까지 상식과 사회에 대한 감각을 익히고 세상을 올바르게 바라보는 눈을 갖는 데 큰 도움이 될 것입니다.

 아역 한류 스타 백송이 앞에 어느 날 송이를 도와주겠다며 도현준이란 아이가 나타납니다. 조선시대에 지구로 왔다가 백송이의 조상인 소녀에게 목숨을 구원 받은 도현준은 그 소녀의 은혜를 갚기 위해, 한류가 무엇인지도 정확히 모른 채 인기만으로 한류 스타라고 자신을 부르는 백송이를 열심히 도와 당당하게 한류 홍보대사의 활동을 할 수 있게 해 줍니다. 여러분도 백송이와 함께 이 책을 읽다 보면 한류가 무엇인지, 앞으로 한류가 가야 할 방향은 무엇인지 알 수 있을 겁니다. 이 책을 통해 독자 여러분이 한류에 대한 다양한 정보와 특성을 이해하고, 그 과정에서 나타나는 여러 가지 사회 현상을 파악해 올바른 가치관을 갖게 된다면 더없이 소중한 시간이 될 것입니다.

편집부

차례

펴내는 글 · 4
한류 스타 백송이의 숨은 조력자 · 8

1장 세계를 사로잡은 한국의 대중문화 · 11

내가 누군지 정말 몰라?
한류의 불길을 당긴 우리 대중문화
아시아를 넘어 세계로 뻗어 나가는 K-POP

토론왕 되기! 해외에 우리 문화를 제대로 알리려면?

2장 세계를 사로잡은 한국의 생활 문화 · 35

한복, 사극 드라마를 타고 세계로!
한옥과 온돌, 한국 고유의 문화에서 세계로!
한식, 지구촌 입맛을 사로잡으러 세계로!

토론왕 되기! 해외에 알려진 우리 문화는 무엇이 있을까?

3장 세계를 사로잡은 한국의 유형·무형 문화·65

커져가는 반한 감정
동남아시아에 부는 한글 사랑
중동에 부는 뜨거운 태권도 열풍

토론왕 되기! 반한 감정이란 무엇일까?

4장 지금까지의 한류, 앞으로의 한류·99

오늘날의 한류
부상하고 있는 차세대 한류
1400년 전 역사 속 한류

토론왕 되기! 역사 속 한류 열풍을 느끼다

한류 관련 사이트·136
어려운 용어를 파헤치자!·137
신나는 토론을 위한 맞춤 가이드·138

한류 스타 백송이의 숨은 조력자

자, 여러분! 다음 시상으로 넘어가도록 하겠습니다.

이번 상은 올해 최고의 아역 한류 스타상 시상입니다. 올해는 아주 쟁쟁한 두 아역 스타가 후보로 올랐네요.

그럼, 후보들을 만나 보시죠!

첫 번째 후보입니다. 드라마 '사랑이 뭐길래 2017'의 백송이.

두 번째 후보입니다. 같은 드라마, '사랑이 뭐길래 2017'의 진유라.

최고의 아역 한류 스타상은 올해 처음 시상되는 상이라서 정말 떨리는데요.

1장
세계를 사로잡은 한국의 대중문화

 내가 누군지 정말 몰라?

침묵이 흐르는 엘리베이터 안에서 이상한 신경전이 벌어지고 있었어요. 아직 앳돼 보이는데, 나이에 어울리지 않게 진한 화장을 하고 귀걸이며 목걸이까지 화려하게 치장한 소녀가 같이 엘리베이터를 타고 있는 소년을 힐끔힐끔 바라보고 있었어요. 소년은 아무렇지도 않은 눈치지만, 소녀는 소년이 신경 쓰여 죽을 것 같다는 표정이었지요. 그러다 소녀가 더 이상은 못 참겠다는 듯, 벌컥 소리를 내질렀어요.
"야, 너! 그만 좀 쳐다볼래?"
어이가 없다는 듯 소년이 소녀를 바라보며 말했어요.
"나 너 안 봤는데?"
"시치미 떼지 마! 계속 날 흘끔흘끔 쳐다봤잖아! 사인 받고 싶으면, 사인해 달라고 말을 하든가! 기분 나쁘게 뭐 하는 거야? 어휴, 정말! 한류 스타다 뭐다, 움직이는 대기업이다 뭐다, 치켜세우는 것도 피곤해 죽겠는데 사생활까지 스트레스 받아야 하다니……."

소녀가 말을 마치는 순간, 엘리베이터가 35층에 멈췄어요. 기분 나쁘다는 표정으로 소녀가 엘리베이터에서 내리는데, 글쎄 소년도 따라 내리는 게 아니겠어요? 소녀가 깜짝 놀라 말했어요.

"너 스토커야? 왜 따라 내리는 건데? 콱 경찰에 신고한다!"

그러자 소년이 이제야 알겠다는 듯 씩 웃으며 대답했어요.

"아, 너 여기 3501호 살아? 그렇구나! 네가 바로 도움이 필요한 백송이구나? 반갑다, 나는 도현준이라고 해."

"도, 도움? 난 도움 따위 필요 없어! 난 한국 최고의 아역 한류 스타야! 난 돈도 있고, 인기도 있어! 그런 내가 도움이 필요할 리 없잖아?"

"하하, 네가 자칭 한국 최고의 아역 한류 스타구나. 그렇다 치지 뭐. 그런데 너 아까부터 계속 한류, 한류 하는데 한류가 뭔지나 알아?"

백송이는 기분이 확 나빠져서 발끈 소리쳤어요.

"자칭? 그렇다 치지 뭐? 사람을 무시해도 유분수지! 그리고 내가 한류 스타인데, 한류를 모를 것 같아? 그러니까 한류는! 한류는……."

자신감 넘치던 백송이는 갑자기 기어들어가는 목소리로 대답했어요.

"하, 한국 문화지!"

도현준이 알 수 없는 미소를 지으며 말했어요.

"응, 반은 맞았어. 한류는 말 그대로 한국 문화가 물결처럼 퍼져 나가 인기를 끌고 있는 현상을 뜻해. 좁게는 한국 음악이나 영화, 드라마 같은 대중문화부터 넓게는 예술 분야나 언어, 그리고 음식 같은 생활 문화까지 해외로 확산되어 인기를 얻는 현상이지."

도현준의 물 흐르듯 유려한 설명에, 백송이는 방금까지 가지고 있던 '스토커'라는 의심이 조금 사라지는 느낌이었어요. 잠시 멍하게 서 있는

데, 집 현관문이 벌컥 열렸어요.

"송이야! 집에 왔으면 얼른 들어와야지, 어머 넌 누구니?"

그제야 정신이 번쩍 든 백송이가 재빨리 말했어요.

"엄마, 엄마! 얘 누구예요? 날 도와주러 왔다는데요?"

그때 갑자기 도현준이 백송이 엄마의 손을 꼭 잡고 눈을 지그시 바라보며 입을 열었어요.

"아주머니…… 저예요. 도현준이. 저 모르시겠어요?"

그러자 엄마의 표정이 누그러지는 듯했어요. 도현준은 얼마간 더 눈을 마주쳤지요. 잠시 뒤 도현준이 손을 놓자, 엄마는 마치 다른 사람이 된 것처럼 말했어요.

"안 그래도 기다렸단다, 현준아. 어서 들어오렴. 송이랑 같이, 어서."

엄마는 마치 마법이라도 걸린 듯 홀려 있는 표정이었어요. 백송이는 그저 어리둥절했지요.

 ## 한류의 불길을 당긴 우리 대중문화

"야, 너 대체 누군데 남의 집에 이렇게 막 침입하는 거야?"

"송이야, 친구한테 그게 무슨 말투야?"

엄마는 현준이는 아이큐 576에 해외 여러 나라를 돌아다니며 외국 생활을 오래 한 친구다, 무려 32개 언어를 할 줄 아는 천재라 네가 배울 점이 많은데 그렇게 대하면 못쓴다며 한바탕 잔소리를 늘어놓았어요. 백송이는 펄펄 뛰며 말했어요.

"나는 오늘 얘를 처음 만났는데, 엄마는 얘를 어떻게 알아요?"

"만났으니 된 거 아니니? 엄마도 오늘 처음 만났어."

"네? 근데 어떻게 그렇게 잘 알고 있어요?"

엄마는 대답도 없이 주방으로 휙 들어갔어요. 백송이는 의심을 담아 도현준을 쏘아보았지요. 도현준은 거침없이 거실 소파에 가 앉았어요. 그러다 탁자에 놓여 있던 종이 뭉치를 집어 들더니 물었어요.

"이건 뭐야? 드라마 '사랑이 뭐길래 2017'?"

"그건…… 내 차기작이 될 드라마 대본이야. 여주인공의 아역으로 출연하지. 함부로 만지지 말라고!"

"아하, 이 드라마 리메이크 되나 보네. 이거 1991년에 텔레비전에서 봤어. 얼마나 재미있었다고. 최민수랑 하희라 둘 다 멋있고 예뻤어."

"응? 무슨 소리야? 너 나랑 똑같은 초등학생 아니야? 그런데 네가 어떻게 1991년에 그 드라마를 봤다는 거야?"

그러자 도현준이 갑자기 당황한 듯 말을 더듬었어요.

"그, 그러니까 그때 봤다는 게 아니라 1991년에 방영했던 드라마라는 마, 말이지."

하지만 백송이는 여전히 의심을 거두지 않았어요.

"흐음? 그래?"

"그, 그럼. 물론이지. 그건 그렇고, 이 드라마에 출연한다는 걸 보니 네가 진짜 한류 스타가 맞긴 한가 보다. 이 드라마가 중국에 방영됐을 때 얼마나 인기가 많았다고. 시청자 수만 1억 5천만 명이나 됐으니까. 중국에서의 한류는 그때부터 시작된 거라 봐도 좋을 거야."

"아직 출연이 확정된 건 아냐. 오디션에 붙어야 하지만, 당연히 내가 합격하겠지. 아, 그러고 보니 생각나. 중국에서 한류는 '사랑이 뭐길래'로, 일본에서 한류는 '겨울 연가'로 시작되었다고. 그래서 내 꿈이 '겨울 연가'에 나온 최지우처럼 '송이 히메'로 불리는 거야!"

말을 마친 백송이는 도현준에게서 대본을 빼앗아 대본 연습을 시작했어요. 도현준은 지그시 바라만 보고 있었지요. 그런데 실은, 백송이는 대본 글자가 머리에 하나도 들어오지 않았어요. 이상하게 자꾸 도현준이 신경 쓰였거든요. 옛날부터 알던 사이처럼 친근하기까지 했어요. 백송

한류 열풍을 일으킨 한국 드라마 TOP 5

사랑이 뭐길래

59.6%라는 엄청난 평균 시청률을 자랑하며 지금까지도 대한민국 드라마 평균 시청률 1위를 굳건히 지키고 있는 유쾌한 가족 드라마예요. 우리나라에서는 1991년에 방영된 드라마로, 그때 출연했던 배우 최민수, 이순재, 김혜자, 하희라, 신애라 등은 지금도 최고의 배우들로 대우 받고 있지요. 드라마 〈사랑이 뭐길래〉는 1997년 중국 CCTV 제1채널을 통해 중국 현지에 방송되면서 무려 1억 5천여 명의 중국 사람들이 이 드라마를 시청했지요. 많은 사람들이 이 드라마를 중국 한류의 시작으로 보고 있어요.

대장금과 주몽

우리나라 역사를 바탕으로 만들어진 사극 드라마 〈대장금〉과 〈주몽〉은 우리 역사 속 나라 '조선'과 '고구려'를 배경으로 하고 있다는 특수성에도 불구하고 일본과 중국 같은 아시아 국가뿐 아니라 중동과 아프리카, 남미의 여러 나라에도 방영되며 선풍적인 인기를 끌었어요. 특히 〈대장금〉의 경우, 이란에서는 90퍼센트나 되는 시청률이 나왔고, 방영된 국가의 수가 무려 60개 국 정도가 된다고 해요. 한국적인 것이 세계적인 것이라는 것을 깨닫게 해 준 드라마들이었지요.

제주 대장금 촬영지

일본에 전시된 배용준 밀랍인형

겨울연가

드라마에 출연한 배우 배용준을 지칭하는 '욘사마 신드롬'을 만들어 낼 정도로 일본에서 엄청난 열풍을 불러일으켰던 드라마예요. 아름다운 영상미와 음악, 애절한 첫사랑 이야기로 2003년 일본에 방영되면서 일본에 한류 열풍을 불게 한 기폭제가 되었지요. 덕분에 2004년 일본의 한 경제신문에서는 당시 올해의 일본 히트 상품으로 '한류'를 1위로 선정했어요. 드라마 배경이었던 춘천의 남이섬은 일본 관광객들의 주요 관광 코스가 되었으며 일본인들에게 한국에 대한 좋은 이미지를 심어 준 것은 물론, 엄청난 경제적 파급 효과를 가져왔기에 대표적인 한류 드라마로 평가 받고 있어요.

별에서 온 그대

2014년 중국에 또다시 한류 열풍을 일으킨 드라마예요. 조선 시대에 지구에 오게 된 외계인이 2014년 서울에서 계속 살고 있다는 기발한 설정을 바탕으로 한 이 드라마는 중국 온라인 동영상 사이트에서 2016년까지 무려 50억 회의 조회수를 기록하며 선풍적인 인기를 끌었어요. 중국 내 한국 드라마에 대한 관심이 높아진 것은 물론이고, 배우들과 드라마 제작진, 그리고 드라마 속에 나온 '치킨과 맥주' 같은 한국 음식과 한국 패션, K-POP에 대한 관심까지 높아지면서 이 드라마로 인해 발생한 경제 생산 유발 효과만 약 1조 원 가까이 된다는 조사 결과가 나왔지요.

태양의 후예

사전 제작을 통해 최초로 중국과 한국에서 동시 방영된 드라마예요. 방영과 동시에 방송 4회 만에 중국 유명 인터넷 동영상 사이트의 시청 횟수가 무려 3억 회나 되면서 한국과 중국에서 동시에 큰 사랑을 받았지요. 평등하고 독립적인 남녀를 연기했던 주연 배우 송혜교와 송중기는 이 드라마를 통해 중국 내 인지도가 급상승했고, 중국 내 콘텐츠 검열로 잠시 침체되어 있던 중국 한류 열풍에 다시 불을 당긴 드라마로 평가 받고 있어요.

이는 도현준에 대해 더 알고 싶었어요. 그래서 결국 대본을 탁 덮고 말을 걸었지요.

"너, 아이큐가 576이라고 했지? 그럼 뭐 하나 물어봐도 돼?"

도현준은 기다렸다는 듯 대답했어요.

"그래. 뭐든 물어 봐."

"내가 한류 스타이긴 하지만, 잘 이해가 안 가서. 여러 가지 우리나라 문화 중에 왜 하필 드라마나 영화, 음악이 한류 열풍을 이끈 거야?"

"음, 아마 여러 가지 이유가 있을 거야. IT 기술이 발달해서 인터넷과 스마트폰으로 나라와 나라를 쉽게 연결할 수 있게 되면서, 언제 어디서나 다른 나라 문화를 쉽게 접하고 향유할 수 있는 환경이 마련된 것이 그 이유 중 하나겠지. 이렇게 기술 발달로 문화 접근성이 좋아지면서 마음

세계를 사로잡은 문화 콘텐츠 한류

에 들면 바로 쉽게 다운받고, 즐길 수 있는 드라마나 영화, 음악이 먼저 한류 열풍을 주도할 수 있었던 것 같아."

그 말을 들은 백송이는 크게 화가 나 말했어요.

"네 말대로라면, 내가 중국에서 인기를 얻은 것도 내가 연기를 잘하거나 예뻐서가 아니라 그저 기술이 발달한 덕이라는 거겠네!"

도현준이 손사래를 쳤어요.

"아니, 아니, 그렇지 않아. 생각해 봐, 드라마나 영화, 음악 같은 대중문화는 우리 일상생활을 더욱 즐겁고 풍요롭게 만들어 주기 위한 것인데, 재미가 없거나 흥미롭지 않으면 아무리 인터넷이 발달하고 기술이 발달한들 인기를 얻을 수 없다고."

"그, 그렇지."

"내 외국 친구들 말을 빌리자면, 한국 드라마나 영화는 굉장히 신선하고 재미있대. 홍콩에 사는 친구는 미국이나 중국 드라마에서는 볼 수 없었던 한국 드라마의 신데렐라 스토리, 그리고 가족 간의 사랑과 친구와의 깊은 우정, 역경을 극복하는 남녀의 사랑 이야기가 마음에 든대. 일본 친구는 매력적인 외모의 자상하고 헌신적인 남자 주인공 모습에 푹 빠졌지. 거기에 탄탄한 스토리 구조는 물론, 작품 속에 등장하는 배우들의 패션이나 매력적인 모습, 세련된 영상미와 높은 수준의 연출력과 제작 기술이 더해져 지금의 한류 열풍이 있게 된 거야."

"한마디로, 우리 대중문화 콘텐츠가 재미있고, 신선하고, 또 뛰어났는데 마침 IT 기술이 발달하면서 그에 힘입어서 더 빠르고 쉽게 전파되고, 한류 열풍으로 이어졌다는 거네!"

백송이는 잠시 무언가를 곰곰 생각하는 것 같았어요. 그런데, 그 순간! 백송이의 스마트폰이 요란하게 울렸어요. 화면에는 '진유라'라는 이름이 떠 있었지요. 백송이의 얼굴이 잔뜩 굳었어요.

 ## 아시아를 넘어 세계로 뻗어나가는 K-POP

머뭇거리던 백송이는 결국 전화를 받았어요. 통화 내내 송이의 표정은 좋지 않았지요. 그러더니 조금 뒤에 전화를 끊고는 마구 화를 냈어요.

"재수 없는 계집애! 잘난 척하기는! 뭐? 제가 이번 프랑스 공연에서 아시아 문화는 서양에 통하지 않는다는 편견을 깨? 흥! 서양 사람들이 K-POP(한국 대중음악)을 알기나 할 것 같아? 어디서 거짓말이야!"

도현준은 잠시 생각하더니 말했어요.

"음, 틀린 말은 아니야. 실제로 K-POP의 인기가 높아지면서, 서양에서 꽤 인지도 있었던 J-POP(일본 대중음악) 자리가 흔들리고 있다는 얘기도 있으니까. 실제로 일본은 지금 K-POP의 인기가 상당히 높아. 한

2016년 프랑스 파리에서 열린 KCON의 관객들 모습 ⓒ 해외문화홍보원

2014년 엠카운트다운 공연 중인 방탄소년단 ⓒ 해외문화홍보원

국 가수 '동방신기'나 '소녀시대' '방탄소년단' '빅뱅' 같은 유명 가수들이 일본에서 음악 앨범을 내면, 일본에서 가장 권위 있는 음악 차트인 '오리콘'의 상위권을 차지하곤 하니까. 그런데 요즘 K-POP은 중국이나 일본, 대만 같은 아시아뿐만 아니라 북미, 중남미, 유럽 같은 서양권에서도 관심이 높아졌어."

"그럼, 진유라가 한 얘기가 다 사실이라는 거야?"

"그렇다고 할 수 있어. 한국 가수들의 노래가 권위 있는 미국 대중음악 차트인 빌보드의 월드 앨범 차트 1위에 오르기도 하고, 영국 BBC 방송국에서는 한국 연예 기획사들의 스타 양성 시스템과 해외 진출 성공 사례를 집중 보도하기도 했거든."

백송이는 믿을 수 없다는 얼굴이었어요. 도현준은 계속 말을 이었어요.

"서양에서 K-POP에 대한 관심과 호감도가 높아진 건, K-POP을 SNS나 유튜브 같은 온라인 통로로 쉽고 빠르게 접할 수 있게 되면서 가능해졌어. 오랜 기간 훈련을 받은 우리 아이돌 가수들이 펼치는 멋진 춤과 노래, 퍼포먼스 영상과 중독성 강한 후렴구와 리듬, 따라 하기 쉬운 춤 등이 미주와 유럽, 중동에서도 관심을 받기 시작하면서 프랑스, 브라질, 미국 등지에서 마니아 층이 조금씩 생겼어. 한국 아이돌 가수들이 미국, 프랑스, 영국 등에서 큰 규모의 공연을 하는 횟수도 많아졌고."

백송이가 얼굴을 살짝 찌푸린 채 말했어요.

"그럼 진유라가 프랑스 공연을 간 것도 그런 영향 때문이겠네?"

"그렇겠지. 실제로 2011년에는 프랑스 국영 TV 프랑스2에서 〈숨겨진 힘, 한국〉이라는 주제로 다큐멘터리를 방영하기도 했어. 같은 해 프랑스 파리에서 열린 'SM 타운 콘서트'에서는 프랑스와 유럽에서 몰려온 K-POP 팬들로 큰 성공을 거뒀고, 영국의 유력 매체 〈런던 이브닝 스탠더드〉는 '런던이 K-POP에 미쳐가고 있다'라며 한국 대중음악에 관심을 가졌지. 그런데, 진유라를 왜 그렇게 신경 쓰는 거야?"

진유라는 백송이와 라이벌 관계인, 차세대 한류 스타로 각광 받는 아이돌 가수였어요. 노래면 노래, 연기면 연기 못 하는 게 없는 만능 연예인

이었지요. 사실, 최근 백송이는 사람들의 관심에서 조금씩 멀어지고 있었어요. 하지만 어디서 온 누군지도 모르는 도현준에게 이런 이야기를 할 수는 없었어요. 백송이는 괜한 허세를 부렸어요.

"흥! 다 부질없는 일이야. 어차피 한류는 금방 사그라들 게 뻔해. 더 좋은 노래, 새로운 드라마가 나오면 한류도 끝이라고. 진유라도 같은 생각일걸?"

잠시 무거운 침묵이 흘렀어요. 그리고 도현준이 먼저 말을 꺼냈어요.

"네 말이 맞아. 문화는 계속해서 진화해. 새롭고 좋은 문화가 나오면 그 문화를 바탕으로 그보다 더 뛰어난 문화가 형성되는 과정이 반복되면서 문화는 발전하는 거야. 그렇지만 한류가 금방 끝날 거라고 판단하는 건 일러. 너, 원더걸스라는 여자 아이돌 그룹, 알지?"

"그럼, 알지."

"원더걸스는 한국 가수 최초로 빌보드 차트 100위 안에 오른 가수야. 2014년에는 가수 싸이가 '강남스타일'로 아시아인 최초로 빌보드 차트 2위에 올랐지. 한국 가수가 그런 전무후무한 기록을 세울지 아무도 예상하지 못했을 거야."

백송이가 잠자코 있자, 도현준은 계속 말을 이었어요.

"대중문화로부터 시작된 한류 열풍 덕분에, 한국은 동족끼리의 전쟁을 치른 분단국가, 전쟁의 위협이 도사리는 휴전국가, 근면 성실하게 일한 덕에 급속한 경제 성장을 이룬 선진국가라는 이미지 외에도 열정과 정이 넘치는 나라, 전통과 현재가 조화를 이루는 나라, 유쾌하고 창의적인 발상으로 기술뿐 아니라 문화적으로도 활약을 펼치고 있는 나라라는 새 이미지를 함께 얻을 수 있었다고."

"그, 그 정도는 나도 알아. 하지만 내 말은 한류는 드라마, K-POP 외에는 더는 없다는……."

"그러니까 네가 잘 모른다는 거야. 이제, 점점 한국 드라마나 K-POP

세계를 사로잡은 한국의 대중문화

에만 열광하던 외국인들이 그 속에 녹아 있는 한국의 여러 가지 문화에 호기심을 갖기 시작했거든. 한국의 역사나 한국의 전통문화, 한글, 한식, 한복 등을 더 자세히 알고 싶어 하는 외국인들이 많아지고 있어. 지금 한류는 대중문화 외에도 다양한 분야의 확산이 이루어지고 있다고. 하지만 네 말처럼, 최근 일부 아시아 국가에서 한류를 반대하고 경계하는 목소리가 많아진 건 맞아. 한류가 끝날 거란 이야기도 나오고 있고."

백송이가 이때다 싶어 외쳤어요.

"봐, 봐. 내 말이 완전 다 틀린 건 아니잖아."

그러자 도현준이 실망했다는 표정을 지었어요. 처음 보는 표정에 백송이는 속으로 깜짝 놀랐지요. 도현준이 조용히 말했어요.

"네가 진짜 한류 스타라면, 아무 근거도 없이 한류가 끝날 거라 말하고 다니지 말고 해외에도 통하는 우리 문화에 대해 많이 알고 배우면서, 어떻게 우리 문화를 올바르게 알릴지 고민하는 게 맞지 않을까?"

도현준이 말하는 족족 맞는 얘기만 하자 백송이는 뜨끔했어요. 하지만 도현준의 말이 맞다고 인정하자니 자존심이 허락하지 않았지요. 게다가 계속 가르치고 훈계하는 도현준의 말투에 백송이는 심기가 불편했어요.

"누군지도 모르는 사람한테 그런 얘기는 듣고 싶지 않아! 난 지금도 한류 스타고, 앞으로도 한류 스타일 거야. 그거 하나는 확실해!"

순간 도현준의 머릿속에 여러 기억이 스쳐 지나갔어요. 우주 저 멀리에 있는 고향별에서 자신들이 가진 고유문화를 다른 별 종족들과 즐겁게 향유하던 모습, 그러다 어느 순간 문화에 대한 자부심이 강해진 도현준네 별 사람들이 타 종족들에게 문화를 강요하던 모습이 떠올랐어요.

  그 결과 타 문화를 강하게 거부하게 된 다른 별 사람들의 거센 반발로 더 이상 문화가 전파되지 않자 자신들의 고유문화에 대한 자부심을 잃게

된 자기 별 사람들도 떠올랐지요. 도현준은 고개를 절레절레 흔들고는 다시 말했어요.

"먼저 우리 문화에 대해 잘 아는 게 중요해. 그리고 문화를 전파하고 교류할 때는 일방적으로 강요하는 태도는 좋지 않아. 문화 교류는 서로를 이해하는 것에서 출발해야 한다고."

"네, 네가 뭔데 나를 가르쳐? 내가 누군지 알아? 나 한류 스타 백송이라고! 다 필요 없으니 당장 나가!"

"백송이, 내가 도와줄게. 네 조상이 날 도와줬던 것처럼."

"무슨 헛소리야? 당장 나가라고!"

백송이는 더 들어 볼 것도 없다는 듯 도현준을 내쫓고 대문을 쾅 닫은 다음 손을 탁탁 털었어요.

"아, 속 시원하다!"

하지만 왠지 모르게, 백송이의 마음 한편에서 불안한 마음이 들기 시작했어요.

도현준의 생생 한류 리포트

응답하라, 대중문화 1945~2016

우리나라에서 대중문화가 향유되기 시작한 것은 일제 강점기 때부터라고 할 수 있어요. 당시 가수들은 꾸준히 창가, 신민요, 유행가 음반을 내며 나라 잃고 억압 받는 우리 민족들의 설움을 달랬지요. 1945년 일제로부터 광복을 한 우리나라는 '신라의 달밤' 같은 노래로 광복의 기쁨을 널리 알렸지만, 5년 뒤에 동족끼리 서로 총칼을 겨누고 싸워야 했던 비극적인 6·25전쟁을 겪고, 나라가 분단되는 아픔까지 겪어야 했지요. '굳세어라 금순아', '단장의 미아리 고개' 같은 노래에는 전쟁과 관련된 슬픔이 담겨 있답니다.

1960년대 이후부터 텔레비전과 라디오가 보급되고 많은 방송국들이 생기면서 드라마의 시대가 열렸어요. 1970년대와 1980년대는 군인들이 무력으로 정권을 장악하고 통치하는 '군사 정권' 시대여서, 우리 대중문화는 여러 가지 통제와 제약을 받게 돼요. 그렇지만 청년들이 청바지를 입고 통기타를 연주하는 포크 음악이 널리 퍼졌고, 대학가요제, 강변가요제 같은 가요제들이 인기를 끌면서 조용필, 이선희 같은 명가수들이 탄생했지요.

1981년에는 컬러 텔레비전 방송이 시작되면서 더욱 다양한 방송 프로그램들이 만들어졌어요. 그리고 1988년 서울 올림픽을 개최하면서 빠른 경제 성장과 함께 우리나라의 대중문화도 다양한 모습으로 발전했답니다.

1990년대에는 '서태지와 아이들'의 등장으로 음악이 하나의 '산업'으로 인식되기 시작했어요. 동시에 대중음악의 장르도 다양해지고 케이블 방송국까지 생겨나면서 드라마, 영화 역시 장르가 다양해졌고 수준도 높아졌지요. 이렇게 성장하던 우리나라의 엔터테인먼트 산업은 2000년대에 중국과 일본을 포함한 아시아 국가들에 한류 열풍을 일으키는 원동력이 되었어요. 음악과 드라마, 영화 등 우리의 다양한 대중문화를 세계가 향유하기 시작한 것이지요.

세계를 사로잡은 한국의 대중문화

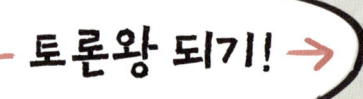

해외에 우리 문화를 제대로 알리려면?

우리 문화를 많이 알게 되고 우리 문화에 대한 자부심이 강해지면 외국인들에게 우리 문화를 강요하려는 경향이 나타날 수 있어요.

중국은 예로부터 한족을 세상의 중심으로 보고 주변 나라들을 소국, 제후국으로 생각했어요. 그러다 보니 주변 나라에 중국 문화를 강요해 왔어요. 그것은 유교 사상과 함께 많이 받아들여지기도 했어요. 그러나 문화의 강요는 결국 강한 반발심을 불러와 전쟁이 일어나고 국가의 교체를 가져왔어요.

아직까지 우리나라의 문화가 해외에 제대로 알려져 있다고 보기는 어려워요. 가장 대표적으로 잘못 알려진 것이 바로 독도예요. 독도를 일본땅으로, 우리의 동해를 일본해라고 표시한 지도가 많이 있지요. 그리고 중국은 고구려의 역사를 중국 역사에 편입시키기 위해 아직도 동북공정 프로젝트를 진행하고 있죠. 따라서 우리나라에 대해 아직도 많은 홍보가 필요해요.

그렇다면 강요나 반발 없이 어떻게 우리 문화를 해외에 알릴 수 있을까요? 얼마 전까지만 해도 한복을 '코리아 기모노(일본 전통의상)'라고 알고 있는 외국인들이 거의 대부분이었어요. 하지만 드라마 〈대장금〉을 통해 자연스럽게 한복이 우리나라 전통의상이라고 알려지게 되었죠.
이것이 바로 한국문화를 해외에 제대로 알리기 위한 방법이 될 수 있지 않을까요? 우리 한번 다 같이 생각해 봐요.

잘못된 부분을 찾아라!

짧은 시간 동안 한류에 대해 많은 이야기를 들은 백송이는 새로 알게 된 사실을 일기에 기록해 두기로 했어요. 아래 일기 내용을 보고, 괄호 안에 백송이가 제대로 잘 기록한 내용에는 ◯표를, 잘못 기록한 내용에는 ✕표를 써 넣어 보세요.

백송이의 일기

우리 집에 도현준이라는 이상한 애가 불쑥 나타나 감히 한류 스타인 나한테, 한류에 대해 이것저것 가르치는 건방진 행동을 했다. 처음에는 좀 열 받아서 걔가 하는 말은 다 무시했지만, 곰곰 생각해 보니 다 피가 되고 살이 되는 얘기 같아 일단 일기에 적어 두기로 했다.

1. 한류는 좁게는 대중문화, 넓게는 예술 분야나 언어, 그리고 음식 같은 생활 문화가 해외로 확산되어 인기를 얻는 현상이다. (   )

2. 제5회 해외 한류 실태 조사에 따르면, 한류는 유럽과 미주 지역에서 인지도가 높지만, 중국, 일본, 대만 등에서는 인지도가 낮다는 결과가 나왔다. (   )

3. 한류 열풍을 일으킨 우리나라 드라마로는 '겨울연가', '대장금', '별에서 온 그대' 등이 있다. (   )

정답 1. ◯, 2. ✕ (제5회 해외 한류 실태 조사의 결과에 따르면, 중국, 일본, 대만 등 아시아 지역에서 인지도가 높고, 유럽과 미주 지역에서 인지도가 낮다고 나왔어요.), 3. ◯

2장

세계를 사로잡은 한국의 생활 문화

 **한복, 사극 드라마를 타고 세계로!**

"아아안 돼! 가지 마, 거긴 안 돼!"

백송이는 크게 소리치며 눈물로 범벅이 된 채 잠에서 깨었어요. 꿈이었어요. 굉장히 무섭고, 슬픈 꿈이었지요. 꿈속에서 백송이는 조선 시대에 와 있었어요. 눈앞에는 갓난아기를 안은 여자아이가 어떤 남자아이의 손을 잡은 채 쫓기고 있었어요. 사람들한테 발각되려는 순간, 여자아이가 갓난아기를 남자아이에게 맡기더니 자신들을 쫓던 사람을 유인하여 남자아이와 갓난아이가 달아날 수 있도록 했어요.

남자아이와 갓난아기는 무사히 목숨을 구했지만, 여자아이는 안타깝게도 물에 뛰어들어 목숨을 잃고 말았어요. 여자아이가 물에 뛰어드는 순간, 백송이는 잠에서 깨어났어요. 백송이의 귓가에는 꿈속에서 마구

울던 갓난아기의 울음소리가 맴돌았어요.

"뭐야…… 꿈이 왜 이렇게 생생해? 아, 기분 나빠…… 헉!"

백송이는 외마디 소리를 냈어요. 시계는 벌써 오전 8시를 가리키고 있었거든요. 오늘은 중요한 날이에요. 백송이가 '한류 박람회'의 홍보 대사로 개막식 행사에 참여하거든요. 백송이는 부리나케 외출 준비를 마치고 엄마와 함께 한류 박람회장에 왔어요. 그런데 차에서 내린 백송이는 깜짝 놀랐어요. 박람회장 문 앞에 도현준이 서 있었거든요.

"네가 왜 여기 있어? 여긴 어떻게 알았어?"

"백송이 널 기다리고 있었지. 같이 가려고."

"당장 가! 아역 스타한테 스캔들이 얼마나 치명적인지 알아?"

하지만 도현준은 들은 척도 하지 않았어요. 백송이는 답답해서 가슴을 텅텅 두들겼어요.

"아휴, 몰라! 맘대로 해! 대신 나한테 말 한마디라도 걸기만 해 봐! 가만두지 않을 테니까!"

그때였어요.

"어머, 이게 누구야? 백송이 아냐?"

깜짝 놀란 백송이가 뒤를 돌아보니, 진유라가 서 있었어요. 치마와 블라우스를 입은 백송이와 달리, 진유라는 머리부터 발끝까지 한복 차림이었어요. 누가 봐도 백송이가 아닌 진유라가 한류 박람회 홍보 대사처럼

보였어요.

"어머, 넌 한류 홍보 대사라는 애가 옷차림이 이게 뭐야? 내 한복이라도 빌려줄까?"

"필요 없어. 한복은 치마가 너무 넓고 펑퍼짐해서 내 긴 다리가 돋보이지 않는다고. 그리고 한류랑 한복이 무슨 상관이 있어?"

백송이의 말에 진유라가 한심하다는 듯 혀를 차며 말했어요.

"너 한류 홍보 대사 맞아? 요즘 경복궁 주변에서 한복 입고 돌아다니는 애들도 못 봤어? 드라마 '성균관 스캔들', '대장금', '해를 품은 달' 같은 드라마를 보고 한국 문화에 관심을 가지게 된 외국인들이 한복을 얼마나 입어 보고 싶어 하는데! 고운 곡선과 우아하면서 다채로운 색감을 가진 한복에 푹 빠졌다고. 한복이 얼마나 예쁜데, 봐!"

진유라는 제자리에 서서 휙 한 바퀴를 돌았어요. 한복 치마가 아름다운 곡선을 보이며 풍성하게 부풀려졌어요. 백송이는 자기도 모르게 한복에 눈을 빼앗겼지요.

"예쁘지? 1990년대 초만 해도, 한복을 보고 '코리안 기모노(일본 전통 의상)'라고 말하는 외국인들이 많았대. 하지만 한류 열풍 덕에 '한복'이 비로소 우리 전통 의상으로 인식되고 알려질 수 있었다고."

진유라의 설명에 도현준은 기쁜 표정으로 맞장구쳤어요.

"맞아. 확실히 한복의 위상이 높아졌어. 국제 행사에 한복을 입고 나

오는 유명 인사들도 많아졌으니까. 특히 드라마 '대장금'으로 유명한 배우 이영애는 한 인터뷰에서 '세계인들이 나를 통해 '한국 여성'을 볼 테니, 우리 옷을 입고 나가는 게 맞다고 생각했다.'고 이야기하면서 한복을 입고 가면 드레스를 입었을 때보다 반응이 좋다고도 말했지."

도현준의 수려한 말솜씨에 진유라는 감탄했어요.

"와, 너 잘 아는구나. 너 누구야? 혹시…… 백송이 남자친구?"

"아니야!"

백송이가 펄쩍 뛰며 대답했어요.

"과민 반응하기는. 더 의심스러운데?"

"아니라니까!"

"흠, 아무튼, 네가 생각하는 거랑 다르게, 요즘 한복은 '입기 불편한 옷'이라는 인식도 많이 사라졌을 만큼 다양하게 개량되고 현대화되고 있어. 색과 무늬도 더 다양해지고, 한복을 입으면 아름다운 우리 족두리나 댕기, 꽃신 등 한국 전통 장신구들도 함께 접할 수 있지. 그래서 한국 전통 의상을 전반적으로 체험하고픈 외국인 관광객뿐만 아니라, 우리나라 사람들도 우리 것을 더 잘 알기 위해 경복궁이나 전주 한옥 마을 같은 곳에서 한복을 많이 입고 다닌다고. 덕분에 한복을 입고 우리 전통 예법을 배우는 관광 콘텐츠도 많이 개발되어서 한류에 긍정적인 영향을 준다는데, 넌 이런 것도 모르면서 어떻게 한류 홍보 대사가 된 거야?"

백송이의 얼굴이 홍당무처럼 새빨개졌어요. 그 모습을 본 도현준이 다급하게 백송이를 한쪽 구석으로 데리고 가 말했어요.

"한복 준비해 놨으니까, 얼른 갈아입어."

"갑자기 한복이 어디서 났어?"

"이럴 줄 알고 미리 준비해 놨다고. 얼른 갈아입지 않고 뭐 해?"

백송이는 도현준이 가지고 온 한복을 펼쳐 보았어요. 알록달록 치장된 색동저고리와 치마를 보고 백송이는 저도 모르게 말했어요.

"아, 예뻐."

하지만 순순히 시키는 대로 하려니, 자존심이 상했어요. 백송이가 망설이자, 도현준이 말했어요.

"요즘 소셜 네트워크 서비스, SNS에 한복 입은 사진을 올리는 게 유행이야. 한국인, 외국인 관계없이 유행이라니까 너도 한복 입고 SNS에 사진 올려 봐. 너는 한류 스타니까 덕분에 한복의 인기도 오르고 방문자 수도 더 많아질 거야."

백송이는 마지못해 한복으로 갈아입고 나왔어요.

"자, 입었으니까 이제 됐지? 그러니까 넌 이제 빨리 돌아가."

하지만 도현준은 가지 않았어요. 백송이도 그럴 줄 알았다는 듯, 더는 말하지 않았지요. 백송이와 도현준은 나란히 한옥으로 지어진 한류 박람회장 안으로 들어갔어요.

 ## 한옥과 온돌, 한국 고유의 문화에서 세계로!

"하아암……. 졸려. 집에 가고 싶다……."

"쉿, 누가 듣겠다. 입 좀 가려."

백송이는 아무리 참아도, 끝없이 나오는 하품을 멈출 수 없었어요. 백송이가 하품을 할 때마다 도현준이 기침을 하며 감추어 보려 했지만 소용없었지요. 백송이가 하품할 때마다 박람회 참석자들이 매서운 눈길로 쏘아봐도 백송이는 아랑곳하지 않았어요. 백송이가 내내 지루하다는 표정을 짓자, 행사 진행을 맡은 큐레이터는 진땀을 흘리며 말했어요.

"제, 제 설명이 조금 재미없지요? 한옥이 정말 훌륭한 건축물인데……."

그러자 진유라가 불쑥 끼어들어 말을 가로챘어요.

"유익하고 재밌어요. 요즘 한류 열풍만큼, 한옥 체험도 인기잖아요."

진유라의 말에 큐레이터는 그제야 미소를 보이며 말을 이었어요.

"감사합니다. 그렇다면 계속 말씀 드릴게요. 앞서 설명 드렸던 것처럼, 한옥은 우리 한민족이 반만 년 동안 지켜 오고 함께해 왔던 우리 전통 집이며, 과학적인 집입니다. 우리나라의 경제 성장과 산업화가 급속도로 진행되면서, 아파트처럼 편리성을 추구한 집들이 많아졌지만 최근, 한류와 함께 한옥이 재조명받기 시작했어요."

그러자 백송이가 도현준의 옆구리를 쿡쿡 찌르며 물었어요.

"야, 외국인들이 한옥을 좋아할까? 한옥은 살기 불편하잖아. 아파트가 얼마나 편한데, 외국인들이 한옥을 좋아하겠어?"

도현준이 속닥거리며 말해 주었어요.

"그건 네가 몰라서 하는 소리야. 2016년에 우리나라 서울 시민과 국내외 관광객 1만 2천여 명이 선정한 '서울의 10대 한류명소'로 덕수궁과 남산골 한옥 마을이 꼽혔을 정도로, 한옥은 외국인에게 매력적으로 느껴지는 건축물이라고."

"외국인들이 한옥을 어떻게 알고?"

"사극 드라마나 텔레비전 방송 프로그램에 등장한 우리 전통 궁궐과 한옥들을 보고, 우리나라의 독특한 주거 문화에 관심을 갖게 되면서 한옥을 찾게 되었을 거야. 실제로 한국을 방문하는 외국인들은 편리한 호텔보다 한국 전통 문화 체험이 가능한 한옥 마을에서의 하룻밤을 선호하는 경향이 높아지고 있대. 현대식 건물이 빼곡한 서울 한복판에 고즈넉한 한옥 마을이 조화롭게 자리 잡고 있다는 것도 관광객들의 호기심을 끈다고 하고. 게다가 한국 역사와 전통 한옥을 함께 느낄 수 있는 고택이나 서원 탐방도 인기라잖아."

"그래도 한옥이 불편하다는 것은 변함없지 않아?"

"너, 한옥의 과학성을 알고나 하는 소리야?"

"쉬-잇!"

주변 사람들이 목소리 낮추라며 핀잔을 주었어요. 둘은 입을 꾹 다물었지요. 그때 마침, 큐레이터가 한옥에 숨어 있는 과학에 대해 설명했어요.

"한옥은 과학의 집결체나 다름없습니다. 더운 공기는 위로 올라가고, 차가운 공기는 아래로 내려온다는 공기의 순환 원리, 알고 계시죠? 한옥은 이 순환 원리를 이용해 더운 여름에도 대청마루에 앉아 있으면 시원함을 느낄 수 있습니다. 자, 앉아 보세요. 여러분."

모든 사람들이 한옥 대청마루에 앉았어요. 푹푹 찌는 더운 날씨였는데, 대청마루는 바람이 솔솔 불어 꽤 시원했지요. 백송이는 신기한 나머지 자기도 모르게 중얼거렸어요.

"와, 시원한데."

큐레이터가 빙긋 웃으며 말을 이었어요.

"그렇지요? 더운 여름날, 뜨거운 열기로 한옥 앞마당 흙이 데워지면 더워진 공기가 위로 올라가 뒷마당 쪽으로 이동하는데, 뒷마당에 심어 둔 풀과 나무들이 공기를 식혀 줘요. 그러면 식은 공기가 다시 앞마당으로 이동하면서 한옥 안이 시원해진답니다."

사람들은 고개를 끄덕였어요.

"이 밖에도 한옥의 과학성 하면 지붕, 즉 처마를 빼놓을 수 없죠. 처마는 눈과 비를 막아 줄 뿐만 아니라 햇빛 양을 조절하는 역할도 해요. 처마의 각도는 여름에는 햇빛이 집 안으로 많이 들어오지 않게 해서 시원하고, 겨울에는 햇빛을 집 안으로 많이 들어오게 해서 따뜻하게 지낼 수 있게 해 준답니다. 그래서 처마의 각도가 각 지역마다 다 다르죠. 또 한옥에 쓰이는 창호지는 햇빛을 투과시켜 방 안에 빛이 간접적으로 들어오게 하는 조명 역할을 하고, 마루는 습기가 잘 차지 않도록 바닥과 마루 사이를 띄워 공간을 비워 놓았답니다. 한마디로 한옥은, 사계절이 뚜렷한 우리나라에서 자연 환경과 공존하며 조화롭게 살아가고자 했던 우리 조상들의 지혜를 느낄 수 있는 훌륭한 건축 양식입니다. 이러한 자연 친화적 건축관이 최근 한류와 맞물려 외국인들의 주목을 받고 있지요."

큐레이터의 말을 들은 백송이는 마음이 불편했어요. 한류 홍보 대사는 한국 드라마나 K-POP 같은 대중문화만 잘 알고 홍보하면 된다고 생각했는데, 한류 분야가 점점 폭넓고 다양해지고 있다는 사실은 미처 몰랐거든요. 게다가 한국인인 자신이 정작, 우리 전통 문화에 대해 잘 알지 못한다는 사실이 부끄러웠어요.

"흠, 역시 한옥 난방 방식인 '온돌'도 한류를 타고 인기라더니, 한옥 열풍이 사실인가 보네. 하긴, 드라마에서 등장인물들이 '찜질방'에서 삶은 달걀이나 미역국을 먹고, '양머리' 하고 수다 떠는 모습이 신기하기도 하고, 재밌어 보일 거야. 우리나라에만 있는 특별한 문화니까."

진유라의 중얼거림에 도현준이 깜짝 놀라 되물었어요.

"와, 너, 정말 대단하다. 바닥을 데워 방을 따뜻하게 하는 난방 방식인 온돌이 한류를 타고 알려지기 시작했다는 걸 어떻게 안 거야?"

"일단은 뭐, 나도 한류 스타니까. 예전에 부모님이랑 같이 중국에 갔을 때만 해도 호텔이나 집들은 대부분 공기를 데우는 난로식 난방이었는데, 지난주에 다시 중국에 가 보니까 새로 지은 호텔이나 건물의 상당수가 온돌 난방 방식이더라고. 왜 이렇게 했냐고 물어보니까, 한류 영향도 있지만 실제로 온돌식 난방이 과학적으로도 우수해서라고 하더라고. 바닥을 데워서 방 전체가 따뜻해지면, 따뜻해진 공기가 계속 방 안을 돌기 때문에 에너지 효율도 좋고, 또 따뜻한 바닥에서 몸을 데울 수 있으니까 건강에도 좋아서 사람들이 많이 선호한대."

도현준이 감탄하면서 대답했어요.

"맞아. 그래서 온돌 난방 방식 기술이나 온돌 난방 설치에 필요한 재료들의 수출이 늘어나고 있어. 그뿐 아니라 온돌 소파, 온돌 침대 등 새로운 상품 개발도 활발하게 이루어지고 있지. 온돌의 우수성이 알려지면서 중국이나 일본 같은 아시아권 나라에서 온돌 시공이 늘어나고 있는 것은 물론이고, 벽난로나 스팀 난방을 주로 하던 유럽과 미주 나라에도 수출되고 있다니까, 좋은 일이지. 그거 알아? 독일이나 스위스, 덴마크 같은 유럽 신축 건물들의 절반 이상이 바닥 난방 방식으로 온돌을 적용해 쓰고 있다는 거! 정말 대단하지. 내가 조선 시대에 있었을 때만 해도, 온돌이 이렇게까지 좋은 것인 줄은 몰랐어."

진유라가 큰 웃음을 터뜨렸어요.

"네가 조선 시대에 살았다고? 얘, 너 정말 재밌는 애다. 호호호!"

"아, 아, 말실수야. 조선 시대에 살았던 우리 선조들은 자신들이 개발한 온돌이 이렇게 전 세계에 히트를 칠 거라는 생각은 못 했을 거라는 뜻이지, 하하!"

한류 박람회 참석자들이 진유라와 도현준이 나누는 대화를 듣고 기특하다는 듯 미소를 지어 보였어요. 하지만 백송이는 그럴 수 없었어요. 진유라와 도현준이 사이좋게 대화를 나누는 모습에 질투가 나 견딜 수 없었거든요.

'흥! 도현준, 내 친구인 척, 날 돕는 척 행세하더니, 내 라이벌이랑 저렇게 시시덕거릴 수 있는 거야? 두고 봐, 진짜 한류 스타가 누군지 내가 확인시켜 줄 테니까!'

온돌의 과학

한국 사람치고, 온돌 바닥이 깔린 집에서 살아 보지 않은 사람은 아마 아무도 없을 거예요. 한국 온돌의 역사는 무려 2000년이 넘었어요. 바깥 아궁이에 불을 때면, 더워진 열기가 방바닥에 촘촘히 깔아둔 돌에 전해지면서 바닥 전체가 따뜻해지는 원리인 온돌은 집 안을 따뜻하게 해 줄 뿐 아니라, 우리 몸까지 따뜻하게 해 주어 건강 지킴이 역할도 했지요. 온돌은 공기 순환을 이용한 아주 과학적인 난방 방식으로, 우리나라를 넘어 전 세계로 퍼지며 그 가치를 인정받고 있어요. 그럼, 온돌의 원리를 살펴볼까요?

구들 개자리

아궁이: 아궁이에서 불을 때면 뜨거운 열기와 연기가 함께 나지요. 이때 구들장의 아궁이 쪽을 아랫목이라고 해요.

부넘기: 부넘기는 솥을 걸어 둔 아궁이의 뒷벽을 말해요. 아궁이에 불을 때면, 뜨거운 열기와 연기가 위쪽으로 이동하면서 이 부넘기를 넘어 고래로 들어가게 되지요.

구들장: 온돌 난방 원리의 핵심이에요. 구들장은 고래 위에 놓은 넓적하고 평평한 돌을 말하지요. 온돌 방바닥은 흙이나 돌로 두덩을 쌓은 뒤, 두께가 5센티미터에서 8센티미터 정도 되는 넓적한 구들장을 쌓고, 그 위와 구들장 틈새에 진흙을 발라 건조시키고 장판지를 발라 만들어요. 이때 상대적으로 열기가 센 아궁이 쪽은 두껍게, 열기가 약한 굴뚝 쪽은 얇게 진흙을 발라 방바닥 전체가 고루 따뜻할 수 있도록 했어요.

굴뚝: 방 안을 데우고 남은 연기는 굴뚝을 통해 빠져나갑니다. 이때도 굴뚝으로 연기가 잘 빠져나가지 않도록, 굴뚝 바로 아래에 개자리를 파 놓지요. 굴뚝 쪽의 구들장을 윗목이라 해요.

고래: 고래는 열기와 연기가 지나가는 길이에요. 고래로 들어간 열기와 연기가 구들장 아래를 빙글빙글 돌아 퍼지며, 열기와 연기를 오래 머무르게 해 구들장을 데워 방바닥을 따뜻하게 하는 역할을 하지요.

고래 개자리

개자리: 개자리는 열기와 연기가 머무는 공간이에요. 구들 개자리와 고래 개자리는 아궁이에 불을 때면서 생긴 재를 가라앉히고, 열기의 온도를 조절하는 역할을 해요.

 ## 한식, 지구촌 입맛을 사로잡으러 세계로!

　드디어 한류 박람회 개막식의 마지막 행사인 '비빔밥과 김치 만들기' 행사 차례가 다가왔어요. 단 한 번도 음식을 직접 만들어 본 적 없던 백송이도, 이 순간만은 어쩔 수 없이 한복 소매를 걷고 비빔밥에 올라가는 나물과 고명을 만들고, 김치를 담가야 했어요. 그러다 보니 저도 모르게 볼멘소리가 튀어나왔어요. 하지만 옆에는 '루시-국적 미국'이라고 적힌 네임 카드를 걸고 있는 한류 박람회 자원봉사자가 있어 티를 낼 수 없었지요. 그때 백송이 머릿속에 좋은 생각이 떠올랐어요. 루시에게 친절히 대하면, 도현준에게 진정한 한류 스타가 누구인지 확인시켜 줄 수 있을 거라는 생각이 들었지요. 백송이는 재빨리 루시에게 말을 걸었어요.

"저는 한류 스타 백송이예요. 외국인들도 제가 드라마에서 먹는 비빔밥이랑 김치 맛이 궁금해서 먹어 보고 싶어 하나 보죠? 저, 루시 언니는 비빔밥 좋아해

요? 김치는요?"

루시는 그저 미소만 지을 뿐이었어요.

"저기요, 사람이 친절하게 물으면, 대답을 해야죠."

"한국어를 잘 모르나 봐. 그럴 수도 있지."

백송이의 마음도 모른 채, 도현준이 아무렇지도 않은 듯 말했어요. 그 모습에 백송이는 더욱 화가 치밀었어요.

"왜? 나처럼 한류도 잘 모르는 무식한 여자아이랑 있지 말고, 저기 진유라랑 김치나 담그지 그래?"

"무슨 소리야? 왜 괜히 시비야?"

두 사람의 말다툼에는 아랑곳하지 않고, 큐레이터는 행사 진행에 여념이 없었어요.

"자, 여러분이 만들고 계신 비빔밥은 김치, 불고기와 함께 한식을 대표하는 3대 음식입니다. 비빔밥은 밥 한 그릇과 서로 다른 수십 가지 재료가 만나 조화로운 하나의 맛을 이루는데, 이 점이 외국인들에게 아주 매력적으로 느껴진다고 해요. 또한 비빔밥에 올라가는 알록달록한 고명들은 붉은색, 검은색, 노란색, 초록색, 흰색인 오방색을 모두 지니고 있어 우리 조상들의 멋과 미적 감각까지 엿볼 수 있지요."

큐레이터는 이어 한식이 어떻게 한류 열풍을 일으켰는지 설명했어요. 한식이 중국과 일본은 물론이고, 동남아시아나 중동, 미국과 캐나다까

도현준의 생생 한류 리포트

한복이 품은 오색, 오방색

한복은 우리 민족 고유의 옷이에요. 저고리 소매의 곧은 직선과 부드러운 곡선이 주는 조화로운 아름다움은 단연 일품이지요. 우리 민족을 '백의민족'이라고 부를 정도로, 우리 조상들은 주로 흰 옷을 많이 입었지만, 사실 한복은 성별이나 신분, 계절에 따라 다양한 색을 띠었답니다.

특히 옛날부터 오늘날까지 많은 어린이들은 알록달록한 빛깔의 '색동저고리'를 많이 입는데, 이 색동저고리에 담긴 홍색, 황색, 청색, 백색, 흑색 다섯 가지 색을 '오방색'이라고 하지요. 오방색은 한국의 전통 색상으로, 우리 조상들은 오방색에 우주의 깊은 원리가 담겨 있다고 생각했어요.

그래서 오방색이 들어간 색동저고리를 입으면, 오래오래 건강하게 살 수 있다고 생각해 아이들에게 색동저고리를 많이 입혔어요. 보통 한복은 이 오방색 중 검은색을 빼고, 다른 색들을 더 넣어 더욱 알록달록한 색동저고리를 만들지요.

지 널리 알려지게 된 건 2005년 방영됐던 드라마 '대장금' 덕분이래요. '대장금'은 궁중 요리를 주요 소재로 약간의 역사적 사실과 허구를 가미한 드라마인데, 드라마 속에 등장한 궁중 요리 속 우리 조상들의 지혜, 과학성, 예술미, 그리고 자연과 사람을 생각하는 마음 등이 외국인들에게는 무척 인상적이었대요. 큐레이터의 말을 들은 백송이는 곰곰이 생각하더니, 비빔밥에 들어갈 애호박나물을 무치며 도현준에게 물었어요.

"흠, 맞아. 확실히 드라마나 TV 방송에 나온 연예인들에게 관심이 생기면 그 사람들이 텔레비전에서 먹는 음식들도 기억에 남더라고. 그런데 이렇게 매운 고추장이 들어간 비빔밥을 정말 외국인들도 좋아해? 아무리 내가 드라마에서 먹은 음식이라 해도 말이야."

"비빔밥은 여러 가지 제철 재료와 고기가 함께 들어 있고, 고추장의 양을 잘 조절하면 그렇게 맵지만은 않잖아."

"그렇지만 난 채소를 별로 안 좋아해. 특히 비빔밥에 들어간 도라지나 고사리나물이 싫어서, 비빔밥을 별로 좋아하지 않아."

"네가 비빔밥을 좋아하지 않는 이유가 바로 외국인들이 비빔밥을 좋아하는 이유 중 하나야. 고기, 고사리, 애호박, 달걀 등 수십 가지 제철 재료들을 밥 위에 얹어 고추장과 함께 슥슥 비벼 먹으면 단백질, 탄수화물, 지방 등 필수 영양 성분들을 고루 섭취할 수 있어서 영양적으로도 우수한 음식이거든. 우리 전통 한식들은 제철 자연 재료를 주로 사용하고, 김

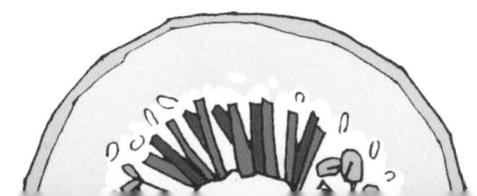

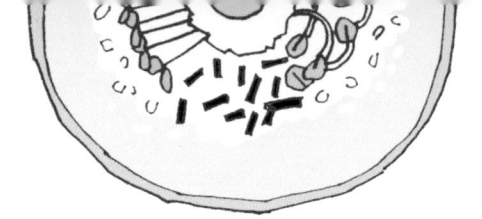

치처럼 자연적으로 발효하고 숙성시켜 영양 성분을 더욱 좋게 한 음식들이 많기 때문에 해외에서는 한식을 '건강식' '자연식'으로 생각해 더 좋아한대. 왜 요즘은 전 세계가 웰빙 열풍이잖아. 잘 먹고 잘 살기. 그런 의미에서 제철 자연 식재료를 영양적으로 균형 있게 쓴 비빔밥이나 자연 발효시켜 맛도 좋고 몸에 좋은 영양 성분이 많이 들어간 김치와 막걸리, 오랜 시간 공들여 만든 자연 발효 천연 조미료인 간장이나 된장만 봐도, 한식은 딱 웰빙 음식이잖아."

그때 갑자기 아무 말도 없던 자원봉사자 루시가 문득 입을 열었어요.

"맞아요. 나도 한식 굉장히 좋아합니다."

"엄마야! 깜짝이야!"

백송이가 놀란 가슴을 쓸어내리며 말했어요.

"언니, 한국말 잘하네요? 근데 아까 왜 제 말에 대답 안 해 줬어요?"

"미안합니다, 비빔밥 너무 맛있어 보여서, 질문을 못 들었어요."

도현준이 백송이의 옆구리를 쿡 찌르며 얼른 화제를 돌렸어요.

"루시 누나, 미국에서도 한식이 인기 있나요?"

"오, 그럼요. 제가 있던 미국 로스앤젤레스에도 한식당 많아요. 미국에만 5천 개 넘습니다. 예전에는 한식당에 한국 사람들만 전부였는데, 요즘 저와 제 미국 친구들도 한식 먹으러 한식당 자주 갑니다. 어떤 날은 한국 사람보다, 미국 사람 더 많아요. 한국 음식 짜고 자극적이라고 생각하는데, 미국에 있는 한식당은 그렇지 않습니다. 아주 맛있서요. 한식과 미국 음식 결합한 퓨전 한식, 아주 인기 높습니다."

백송이가 의심스럽다는 표정으로 물었어요.

"정말인가요?"

"저는 커짓말 안 합니다. 저는 저희 동네 로스엔젤레스에서 '로이 최'라는 한국계 사람이 푸드 트럭에서 멕시코 음식 타코에 김치와 불코기를 넣은 음식을 먹고 한식, 알았습니다. 요즘은 인터넷이 발달해서 동영상 사이트에 한식 만드는 영상도 많이 있고, 음식점과 음식 정보가 있는 인터넷 사이트도 많아 한식, 알려졌습니다. 특히 저 같은 젊은 사람은 인터넷 많이 해서 더 잘 압니다. 새로운 음식에 대한 거부감, 별로 없습니다."

"맞아. 너도 알다시피, 내가 재작년까지 미국에서 살다 왔잖아? 그래서 좀 아는데, 한식을 소개하는 미국의 한 교포의 블로그 방문자 수는 하루에 1만 명이나 된대."

갑자기 진유라가 불쑥 끼어들었어요. 진유라의 손에는 갓 담은 김치 한 접시가 들려 있었어요. 백송이는 더 이상은 참을 수 없다는 듯 말했어요.

"야, 너 자꾸 끼어들 거야?"

"너한테 김치 갖다 주러 왔는데 왜 그렇게 화를 내?"

그러자 자원봉사자 루시가 손뼉을 치며 말했어요.

"맞습니다! 한글과 영어를 함께 표기해 낸 책인 『우리 요리 이야기』는 우리 미국에서 17만 권이나 팔렸습니다. 요즘 유럽에서도 한식, 인기 있다 합니다. 2016년에 벨기에의 '얌(Njam)'이라는 요리 전문 방송에서 한식 만드는 방법을 약 한 달 동안이나 방영했습니다. 한식, 좋아합니다."

도현준이 흥미롭다는 듯 말했어요.

"와, 한식을 좋아한다는 얘기를 외국 사람한테 직접 들으니까 더 생생하고 좋은데요? 한식 좋아해 주셔서 고맙습니다, 루시 누나."

"고마워요 언니, 한국에 계시는 동안 한식 말고도 떡볶이나 빙수, 과자, 단팥빵, 치킨 같은 간식들도 많이 드셔 보세요. 아주 맛있고 특색 있는 간식들이 무척 많아요. 그래서 우리 간식들이 수출도 많이 되고 있고, 한국 외식 기업들이 해외로도 진출해서 매장을 많이 냈대요."

루시는 환한 미소를 지었어요. 도현준과 진유라도 환한 미소로 답했지요. 백송이는 자기만 소외된 것 같아 참을 수가 없었어요. 그러다 갑자기, 젓가락으로 김치를 집어 루시 앞에 내밀었어요.

"언니! 한식 좋아한다고 했죠? 이 김치 드셔 보세요. 맛있어 보이죠?"

"야 백송이, 그 김치 매워. 아까 내가 먹어 봤는데 너무 매웠다고."

루시가 걱정스러운 얼굴로 대답했어요.

"돼, 됐습니다. 저는 매운 거 잘 못 먹습니다. 미안합니다."

"아니, 왜 그래요? 드셔 보라니까요. 한식 좋아한다면서요. 아니, 한류 스타가 이렇게 직접 먹어 보라는데, 안 먹을 거예요? 지금 저, 꼬마라고 무시하시는 거예요?"

 소란스러운 소리에 박람회장에 있는 모든 사람들의 시선이 백송이 일행에게 쏠렸어요. 갑작스러운 상황에 놀란 루시는 아무 말도 하지 못했지요. 루시는 굉장히 난처하고 곤란한 얼굴이었어요. 도현준이 사태의 심각성을 깨닫고는 재빨리 말렸어요.

 "루시 누나, 안 먹어도 돼요. 괜찮다니…….."

 그러자 백송이가 도현준의 말을 가로막고는, 재빨리 김치 한 점을 집어 자신의 입에 쏙 넣었어요. 그러고는 다시 루시를 바라보았어요. 백송이의 얼굴에 심술이 덕지덕지 묻어 있었지요.

 "진짜 맛있다니까요. 한국 왔으니 한국 김치 먹어야죠. 네?"

 백송이는 계속해서 떼를 썼어요. 그러자 루시는 어쩔 수 없다는 듯 마지못해 김치를 한 입에 넣고는 우물우물 씹었어요. 역시나, 김치는 무척 매운 것 같았어요. 루시 눈에 눈물이 잔뜩 고였지요. 루시는 결국 물을 먹으러 자리를 박차고 나갔어요. 다들 갑자기 벌어진 일에 어안이 벙벙했지요. 진유라가 백송이에게 소리쳤어요.

 "야, 백송이, 언니가 매운 거 못 먹는다고 했는데, 왜 계속 강요해? 그러다 루시 언니가 한식을 싫어하면 어떡할 거야?"

 "…… 아니, 김치도 못 먹으면서 한식 좋아한다는 게 말이 돼? 한국 좋아하고 한식 좋아하면, 매운 김치 정도는 먹을 줄 알아야지!"

도현준이 조용히 말했어요.

"한국인들 중에도 김치를 좋아하지 않는 사람이 있는데, 매운 거 못 먹는다고 한 외국인한테 매운 음식을 강요한 일이 잘했다는 거야? 백송이, 너 정말 한심하다. 우리 음식을 사랑하고 자부심을 가지는 것은 좋지만, 상대방 입맛을 배려할 줄도 알아야지. 한국을 사랑한다고 해서, 한국을 대표하는 모든 것을 전부 다 사랑해야 하는 것은 아니잖아."

이상한 낌새를 느꼈는지, 백송이의 엄마가 달려왔어요. 백송이는 들고 있던 젓가락을 떨어뜨렸어요. 한류 스타, 한류 홍보 대사…… 백송이는 지금껏 자신을 수식하던 대명사들이 이렇게 낯설게 느껴지기는 처음이었어요. 한류 스타라고 스스로 말했던 자신이 부끄러워졌어요.

"찰칵!"

그때, 맞은편 문 한쪽에서 이 현장을 몰래 촬영하고는 의미심장한 미소를 짓는 남자가 보였어요. 평소 백송이 같았으면 가서 따졌겠지만, 왠지 오늘은 발걸음이 떨어지지 않았지요. 백송이는 아무 말도 하지 못하고 엄마와 함께 집으로 돌아왔어요.

> 토론왕 되기!

해외에 알려진 우리 문화는 무엇이 있을까?

해외에도 널리 알려진 우리 문화에 대해 살펴봐요.

가장 먼저, 한글은 세계 언어학자들에게 최고의 글자라고 인정받고 있어요. 한글은 세계에서 유일하게 만든 때와 만든 사람을 아는 글자이고, 발음 기관을 본떠 만든 과학적인 글자예요. 따라서 거의 모든 소리를 표현할 수 있으며, 가장 배우기 쉬운 글자로 평가 받고 있지요. 미국에는 일부러 한글날에 친구들을 불러 파티를 여는 교수도 있대요.

한복은 한의학에서 말하는 가슴 위는 차게 하고, 배꼽 아래는 따뜻하게 해야 건강하다는 논리에도 아주 잘 맞는 건강에 좋은 옷이에요. 또 평면 재단으로 품을 넉넉하게 하여 키가 비슷한 사람들은 함께 입을 수 있는, 더불어 사는 옷이기도 해요.

김치와 된장은 위대한 항암음식으로 인정받아 현미밥과 함께 최고의 건강식으로 각광받고 있어요. 세계에서 가장 오래된 종이는 1200년간 썩지 않고 보존된 한지예요. 심오한 비색의 고려청자와 소박한 순백의 아름다움을 자랑하는 조선백자도 세계가 인정하는 우리 문화유산이지요.

된장 항아리

조선백자

고려청자

판소리는 곱게 꾸미지 않고, 자연스럽게 내지르는 소리로 한 편을 혼자서 5~6시간이나 완창하여 세계의 문화유산으로 올랐어요. 풍물굿은 연주자와 청중이 분리되지 않고, 하나가 되어 즐기는 종합예술로 널리 알려지고 있죠.

우리나라는 5000년의 긴 역사 동안 고조선 시대부터 현재까지 끊임없이 이어져 오며 많은 세계 문화유산을 남긴 문화 대국이자, 현재는 수출 규모 세계 7위의 경제 대국이에요. 따라서 우리가 한국인인 것에 긍지와 자부심을 가져야 해요.

판소리

퀴즈

요리조리 글자 맞추기!

백송이와 도현준, 진유라가 한류 박람회의 일일 홍보 대사로 활약하기로 했어요. 박람회 안에 설치된 부스를 각각 하나씩 맡아, 홍보를 전담하기로 했지요. 그런데, 저런! 제목이 떨어졌네요. 세 사람은 각각 무엇을 홍보하고 있을까요?

한민족이 입는 우리 고유의 옷! ○○은 사극 드라마가 인기를 끌면서 큰 주목을 받았어요! 직선과 곡선의 아름다운 조화와 특유의 우아함이 세계인들을 사로잡고 있지요! 최근에는 생활 속에서도 편안하게 입을 수 있도록 개량된 ○○이 많이 나오고 있답니다!

한국적인 맛이 세계적인 맛! 드라마 대장금에 나오는 다채롭고 건강한 궁중 음식, 보셨나요? 우리 ○○은 제철 자연 재료를 주로 사용하고, 발효 음식들이 많아 건강한 음식이에요!

자연과의 조화를 추구했던 한국인들의 정서를 엿볼 수 있는 우리나라 전통 가옥 ○○을 만나 보세요! 자연과의 조화는 물론, 과학적인 구조로 설계된 ○○은 우리 고유의 멋과 조상들의 슬기가 담겨 있어요.

복 / 문 / 글 / 지 / 자 / 한 / 옥 / 양 / 식

정답 : 한복 / 한식에 대하여 한옥 / 한옥 / 한식 / 한복

3장
세계를 사로잡은 한국의 유형·무형 문화

 커져 가는 반한 감정

다음 날 아침, 백송이는 따뜻한 햇살에 저절로 눈이 떠졌어요. 유난히 햇살이 눈부신 날이었어요. 백송이가 기지개를 쭉 펴며 몸을 일으키는데, 갑자기 엄마가 문을 벌컥 열고 방으로 들어왔어요.

"얘, 송이야, 백송이! 당장 일어나 봐!"

"엄마, 벌써 일어났어. 아침부터 왜 이렇게 소리를 치고 그래?"

"이 기사 좀 봐, 대체 이게 다 무슨 일이니?"

엄마가 스마트폰을 내밀었어요. 스마트폰에는 지금도 실시간으로 수십 개의 댓글이 달리고 있는 한 뉴스 기사 화면이 떠 있었어요. 졸린 눈을 비비며 백송이는 기사를 차근차근 읽어 내려갔어요. 기사를 읽는 백송이의 얼굴이 점점 창백해졌어요.

한류 스타 백송이의 두 얼굴

서울에서 개최된 제3회 한류 박람회가 드디어 막을 올렸다. 준비 기간 150일, 투입된 비용만 30억에 달하는 국내 최대의 박람회 중 하나인 한류 박람회에는 각계각층의 인사가 참여해 그 화려한 서막을 알렸다. 개최 첫날인 어제는 한류 홍보 대사로 선정된 아역 배우 백송이도 참석해 자리를 빛냈다. …… 중략 …… 그러나 첫날 메인 행사 중 하나였던 '김치 담그기 체험 행사'에서 한류 박람회 개최의 의미가 다소 퇴색했다. 한류 홍보 대사 백송이가 자원봉사자로 참석한 외국인 유학생에게 매운 김치를 강제로 먹이는 등의 행동을 하면서 훈훈했던 분위기가 바로 냉각되었던 것. 관계자들은 일제히 아역 배우 백송이가 아무리 초등학생이라지만, 한류 스타이자 한류 홍보 대사로서의 자각이 너무 부족한 것 아니냐고 입을 모았다. 한류 붐이 식고 있는 것 아니냐는 우려와 주변국의 반한 감정이 드세지고 있는 이때, 백송이의 행실은 적절치 않았다는 지적이 많다.

백송이는 심장이 쿵 내려앉았어요. 어제 몰래 사진을 찍던 남자가 바로 기자였던 거예요. 자신에 대한 부정적인 기사가 터지자 백송이는 어찌할 바를 몰랐어요. 그때 현관문 초인종이 울렸어요. 도현준이었어요.

"송이야, 백송이! 집에 있어?"

엄마가 문을 열어 주자, 도현준은 부리나케 백송이의 방으로 뛰어 들어왔어요. 백송이는 도현준이 허락도 없이 방에 들어왔는데도 전혀 화를 내지 않았어요. 백송이는 늘어나고 있는 댓글을 읽느라 정신이 없었거든요.

"백송이, 너도 기사 봤어? 기사가 좀 과장됐더라, 네가 강제로 입에 넣진 않았잖아. 빨리, 이건 과장된 기사라고 인터뷰라도 하는……, 야, 백송이, 뭐 해?"

"…… 어떡해……."

"뭘 어떡해? 무슨 소리야?"

"나 때문에, 나 때문에 사람들이 한국을 싫어하면…… 어떡해?"

도현준은 백송이의 손에서 스마트폰을 빼앗아 들고는 댓글들을 하나하나 살펴보았어요. 댓글을 단 사람은 한국 사람뿐만 아니라, 외국 사람들도 많은 듯했어요.

백송이는 크게 충격을 받은 얼굴이었어요. 도현준은 풀 죽은 백송이에게 조심스럽게 위로의 말을 건넸어요.

"반한 감정은 훨씬 전부터 있었어. 일본이나 중국 같은 경우는 역사적 문제로 얽혀 있기 때문에 유독 심한 편이지. 2015년에 시행된 '해외 한류 실태 조사 결과 보고서'에 의하면, 반한 감정에 공감하는 외국인들은 대부분 한국이 타 국가에 비판적인 태도를 보이고, 콘텐츠 사업을 많이 보호한다고 생각하기 때문에 한국을 싫어하는 거래. 그러니까, 꼭 너 때문만은 아니야."

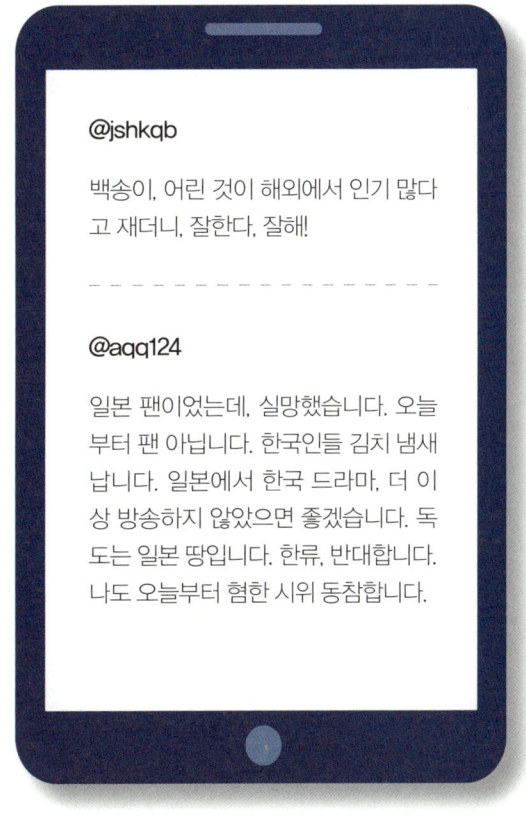

@jshkqb

백송이, 어린 것이 해외에서 인기 많다고 재더니, 잘한다, 잘해!

@aqq124

일본 팬이었는데, 실망했습니다. 오늘부터 팬 아닙니다. 한국인들 김치 냄새 납니다. 일본에서 한국 드라마, 더 이상 방송하지 않았으면 좋겠습니다. 독도는 일본 땅입니다. 한류, 반대합니다. 나도 오늘부터 혐한 시위 동참합니다.

하지만 백송이는 전혀 위로가 되지 않는다는 듯 울먹였어요.

"하지만 나 때문에 반한 감정이 더 심해지면 어떡해……."

"이미 몇몇 나라의 반한 감정이 심해졌다는 얘기가 심심찮게 나오고 있어. 일본에서는 1990년 후반부터 '혐한'이라는 말이 인터넷에 많이 돌았지. 너도 알다시피 우리나라는 일제 강점기 시절 일본의 강압적인 지배에 많은 상처와 아픔을 겪었는데 일본은 여전히 교과서를 왜곡하고 날조하면서 역사적 사실을 부정하고 있고, 또 독도를 일본 땅이라고 우기면서 좋지 않은 감정이 많이 쌓여 있잖아. 그런데 우리나라 경제 수준이 높아지고, 한류가 일본에서 유행하기 시작하자 몇몇 일본인들이 그에 대한 반발로 인터넷에 한류를 비하하는 글이나 만화, 영상들을 올리면서 반한 감정이 퍼지게 되었어. 최근에는 일본 우익 단체들을 중심으로 반한 시위가 격해지고 있어. 그것도 좀 심각한 수준으로……."

백송이의 얼굴은 더욱 창백해졌어요. 어쩌면 그동안 자신은 보고 싶은 것만 보고, 듣고 싶은 것만 들었던 것은 아닐까요? 그저 한류 홍보 대사가 되었다는 것만으로 좋아 한류를 제대로 알려 하지 않고, 언론이 쏟아내는 장밋빛 전망만을 보고 들으려 했던 것 같아 후회가 밀려들었지요.

몇 분 사이에 댓글의 수위는 더욱 심각해졌어요. 이제는 한류 박람회에서 백송이의 태도를 질타하는 수준이 아닌, 다양한 의견들이 올라오기 시작했지요. 그 가운데, 눈에 띄는 댓글들이 백송이의 시선을 끌었어요.

백송이는 조심스럽게 도현준에게 물었어요.

"저기, 항한류는 또 무슨 말이야?"

도현준은 잠시 생각하더니 입을 열었어요.

"여기서 '항'은 한자로 겨룰 항(抗) 자야. 중국어로는 '저항하다, 막다'라는 뜻을 가지고 있지. 중국에서는 주로 '반한류', '혐한류' 대신 이 '항' 자를 써서 '항한류'라 부르며 한류에 저항하고, 한류를 막는다는 뜻을 드러내. 중국에 한국 대중문화가 급속도로 퍼지면서 중국 내에서 자국 문화가 힘을 잃을까 봐 우려하는 목소리가 높아지고 있고, 또 한국과 중국 사이에 동북 공정 같은 복잡한 역사 갈등이 얽혀 있어서 중국에서 한국에 대한 반감이 생기고 있어."

도현준이 이야기를 마치자, 백송이가 놀랍다는 듯 말했어요.

"넌 정말 모르는 게 없구나."

백송이는 계속 댓글을 읽다가, 갑자기 외마디 소리를 쳤어요.

@1935hahaha

중국 한류 스타 백송이가 '항한류' 바람을 더 부추길지도 모르겠네. 한류를 추종하는 건 애국심이 없는 중국인들이나 하는 행동이지. 한국은 자기 문화 수출은 적극적이면서, 왜 다른 문화 수입에는 소극적인 거야?

@pkhl55

베트남에서 한국 드라마 보고 한국 동경해 한국 왔습니다. 하지만 한국, 외국인 노동자들에게 가혹합니다. 차별 심합니다. 이제는 한국이 싫습니다. 백송이도 싫습니다.

@kgkela1

내가 사는 대만에서도 TV만 틀면 한국 드라마뿐이다. 대만 자체 제작 드라마는 턱없이 부족하다. 우리 대만 사람들은 아직 한국의 일방적인 단교 선언이 지울 수 없는 상처로 남아 있다! 한류, 아웃!

"왁! 이건 또 무슨 소리야?"

백송이가 스마트폰을 내려놓으며 중얼거렸어요.

"한국에서 외국인 노동자들이 가혹한 대우를 받는 것도, 반한 감정의 원인이 될 줄은 몰랐어……."

"맞아. 일부 사업주들이 외국인 노동자들을 차별 대우 한다든가, 불법 체류자들 같은 경우는 불법 체류자라는 약점을 이용해서 가혹하게 대한다는 것이 알려지면서, 아시아 국가들 사이에서 반한 감정이 생기고 있대. 또 동남아시아 사람들과의 국제결혼이 늘어나면서 생긴 사회 문제 때문에도 한국에 대한 좋지 않은 감정이 늘어나고 있다고 그러더라."

"여기, 대만에 일방적 단교 선언? 이건 무슨 말이야?"

"음, 대만 같은 경우는…… 여러 가지 이유가 있어."

도현준은 잠시 생각하고는, 다시 말했어요.

"대만은 전체 인구의 10분의 1 정도인 무려 250만 명 정도가 한류 팬이래. 사실 대만은 1948년부터 우리나라와 긴밀한 관계를 유지했는데, 우리나라가 1992년 중국과 교류를 시작하면서 중국과 민감한 관계에 있던 대만과 교류를 끊겠다고 통보했지. 그 일이 대만 사람들에게는 큰 상처로 남았어. 이후 한국 드라마와 K-POP이 대만에서 큰 인기를 끌면서 대만에 한류 열풍이 불었지만 아직도 대만 언론이나 인터넷에는 한국에 대한 좋지 않은 감정을 표현하는 기사나 글들이 많이 보이곤 해."

'한류'에 대한 긍정적인 기사만 보았지, 이렇게까지 다른 나라에 반한 감정이 퍼져 있을 줄은 상상도 하지 못했어요. 혹시나 싶어 백송이는 인터넷에 '반한 감정'을 검색해 보았어요. 그랬더니 반한 감정과 관련된 글과 기사 들이 엄청나게 많이 올라와 있었어요. 백송이는 충격 받은 얼굴로 중얼거렸어요.

"내가 진작 이런 사실을 알았더라면, 어제 김치를 그렇게까지 권하지 않았을 텐데……."

백송이의 얼굴에 깊은 그늘이 내려앉았어요. 백송이의 그늘진 얼굴을 바라보는 도현준의 얼굴에도 검은 먹구름이 드리웠어요.

 동남아시아에 부는 한글 사랑

"송이야, 좀 먹어. 네가 좋아하는 순두부찌개랑 갈비 해 놨어. 조금이라도 먹어 봐, 응?"

"엄마, 나 아무것도 먹고 싶지 않아."

벌써 며칠째 백송이는 아무것도 먹지 않았어요. 엄마가 아무리 진수성찬을 차려도 소용없었어요. 백송이는 지금 이 순간에도 늘어나고 있을 인터넷 댓글들이 너무나 두려웠어요. 한류 스타라고 자부했는데 정작 한류에 대해 아는 것이 하나도 없었고, 심지어 반한 감정을 부추긴 것 같다는 생각에 잠도 오지 않고, 배도 고프지 않았지요.

백송이가 괴로운 나날을 보내자, 도현준도 자신을 대신해 목숨까지 희생한 사람의 후손이 지금 괴로워하고 있는데, 자신은 아무것도 해 줄 수 없다는 사실이 원망스러웠어요.

이대로는 안 되겠다는 생각에 도현준은 백송이가 다시 기운을 차릴 수 있는 방법을 궁리했지요. 그러던 도현준의 눈에 무엇인가가 들어왔어요.

"바로 이거야! 찾았다!"

부리나케 백송이네 집으로 달려간 도현준은 문을 쾅쾅 두드렸어요.

"백송이, 집에 있지? 빨리 문 좀 열어 봐."

"…… 할 얘기 없어. 피곤하니까 그냥 가."

"내가 뭘 찾았는지 알면, 마음이 바뀔걸?"

백송이가 도현준을 무시하고 방으로 들어가려는데, 백송이 엄마가 버선발로 달려와 현관문을 열어 주었어요. 백송이가 버럭 화를 냈어요.

"엄마!"

"너 며칠째 밖에도 안 나가고, 사람들도 안 만났잖아. 친구가 이렇게 직접 왔는데, 어떻게 돌려보내니."

"친구 아니라니까!"

싫은 기색을 팍팍 보이는 백송이의 말에도 아랑곳하지 않고, 도현준은 백송이 앞에 스마트폰을 불쑥 내밀었어요. 어이가 없다는 듯 백송이는 코웃음 쳤어요.

"…… 너 지금 나랑 장난해? 나한테 게임이라도 하라는 거야?"

"일단 읽어 보고 말해. 어서."

백송이는 마지못해 스마트폰 화면을 살펴보았어요. 백송이의 눈이 커졌어요.

뿌듯한 표정으로 도현준이 말했어요.

"이렇게 널 응원하는 사람들이 있어. 게다가 기사가 과장되었다는 것도 알고 있고 말이야. 그러니까 기운 좀 내."

하지만 백송이는 도현준의 말이 들리지 않는 듯 딴소리를 했어요.

@1243725

나는 태국 사람입니다. 한국은 제 삶과 떼려야 뗄 수 없는 나라입니다. 한국 드라마, 한국 노래 좋아해서 학교에서도 제2외국어로 한국어를 공부하고, 대학 입학시험도 제2외국어 과목으로 한국어 시험을 보고, 대학교에서도 한국어를 전공하고, 지금은 한국에서 유학 중입니다. 현장에서 백송이를 봤습니다. 기사는 과장된 것입니다. 김치를 먹으라고 조금 강권하긴 했지만, 억지로 입에 넣지는 않았습니다. 백송이 양, 앞으로는 더 성숙한 모습 기대할게요. 한국을 싫어하는 사람도 있겠지만, 한국을 좋아하는 사람도 많아요. 그중 한 명이 나예요. 힘내요. 응원합니다.

"태국의 고등학생들이 제2외국어 과목으로 한국어를 배운다고? 게다가 대학 입학시험의 제2외국어 과목에 한국어 시험이 있단 말이야?"

"뭐야, 그게 궁금했던 거였어?"

"빨리 알려 줘, 외국에서 한글을 공부하는 사람들이 많은 거야?"

백송이의 얼굴에는 다시 생기가 도는 듯했어요. 도현준은 조금 안심이 되었지요. 그래서 그 어느 때보다 적극적으로 대답을 해 주었어요.

"많다기보다, 점점 늘어나고 있다고 봐야겠지. 태국은 이미 2008년에 제2외국어로 한국어를 채택했어. 그런데 점점 학생 수가 늘어나니까 2017년에 치러질 2018년 태국 대학 신입생 선발 시험부터 한국어를 입

시 과목으로 추가하기로 했대."

"어째서? 왜 태국에서 한국어를 배우는 거야?"

"왜긴 왜야, 한류 열풍 때문이지. 드라마나 K-POP 같은 대중문화 한류를 통해 '한국어'를 접하게 되고, 이 한국어를 배워서 노래 가사나 드라마 대사의 의미 등을 더욱 깊게 이해하고 싶었을 거야. 태국은 '동남아시아국가연합' 나라 중에서 한국어를 대입 시험 과목으로 채택한 최초의 나라야. 그리고 이미 미국, 프랑스, 일본, 호주에서는 한국어를 대입 시험 과목으로 채택해 운영하고 있어. 많은 나라의 초등학교, 중등학교에서 한국어 반 개설이 늘어나는 추세고."

백송이는 눈을 빛내며 도현준의 이야기를 들었어요. 그 모습에 더욱 신난 도현준은 설명을 이어 갔지요.

"전 세계에 한국을 알리고 한국어를 가르치는 국가 공공 기관인 '세종학당'은 2007년 3개 나라에 13개가 설치되어 운영되었는데, 지금은 무려 57개 나라 143곳에 설립되어 있어. 베트남이나 브라질, 러시아, 프랑스, 이집트 등에서 한국어 말하기 대회나 한국어 백일장 대회가 종종 열리는데, 한국 교민이 아닌 현지인들의 참여가 점점 많아지고 있대, 몰랐지? 드라마나 K-POP도 아닌 한글이, 한류 열풍 중심에 서 있다는걸."

백송이는 며칠 전 외국인들이 쓴 악플이 떠올랐어요. 도현준의 말을 듣고 보니, 비록 악플이지만 한국어로 의견을 남겼다는 사실 자체가 그만큼 한국에 관심이 있어서 그런 게 아닐까 하는 생각이 들었어요. 한국에 관심이 많아서 한국어를 공부한 만큼, 백송이의 행동에 대한 실망도 컸던 게 아닐까요. 백송이가 입을 열었어요.

"한복이나 한식 같은 생활 문화는 당연히 드라마나 K-POP으로 쉽게 퍼져 나갈 수 있다고 생각했었어. 그런데 한글까지 한류 영향을 받을 줄은 상상도 못했어. 한글을 모국어로 쓰는 나라는 전 세계에 오직 우리나라밖에 없으니까."

도현준이 씨익 웃으며 말했어요.

"분명 한글을 공부할수록 한글의 독창성과 과학성, 한글 창제에 담긴 세종대왕의 '애민정신' 등을 알게 되면서 한글에 관심이 많아진 게 분명해. 재밌는 사실은, 한글은 생김새만으로도 많은 외국 사람들의 관심을 끈대. 동그라미와 직선, 네모, 사선 등이 한데 모여 이루는 글자 생김새 자체가 굉장히 아름답고 현대적이라고 느낀다나 봐. 때문에 한글이 들어간 옷이나 가방 같은 패션 제품도 최근에 각광받고 있어."

"생각해 보니 한글로 표현하지 못하는 소리가 하나도 없잖아. 그런 언어는 전 세계에 한글이 유일할 거야."

"맞아, 한글은 모든 소리를 표현할 수 있고 또 배우기도 쉽지. 그래서 백성들도 쉽게 한글을 배우고, 한글로 자신의 의견을 표현하기 시작했어. 홍길동전이 맨 처음 나왔을 때 말이야, 사람들이랑 주막에 둘러앉아

도현준의 생생 한류 리포트

유네스코의 '세종대왕 문해상'

국제 연합인 UN 산하에 속해 있는 '국제 연합 교육 과학 문화 기구'인 '유네스코'가 1989년 제정하고, 1990년부터 매년 시상해 오고 있는 상이에요. 유네스코 '세종대왕 문해상'은 우리 정부가 지원하는 상으로, 매년 9월 8일에 문맹 퇴치에 공헌한 전 세계 각국의 단체나 개인, 기관에 상금 2만 달러와 상장, 세종대왕 은메달을 수여하고 있지요.

이 '세종대왕 문해상'의 제정 배경에는 세종대왕이 창제한 한글의 '창제 정신'이 깊게 자리 잡고 있어요. 세종대왕은 글을 모르는 사람들도 누구나 쉽게 익히고 쓸 수 있는 글자를 만들고자 했어요. 이전까지는 어려운 한자를 써야 했기 때문에, 가난한 백성들은 글자를 배울 수 없고, 글을 알지 못해 억울한 일을 당하는 경우가 많았거든요. 이를 안타깝게 여긴 세종대왕의 '애민 정신'의 결과로 위대한 글자, 한글이 세상에 나올 수 있게 되었어요. 유네스코 '세종대왕 문해상'은 전 세계가 한글에 담겨 있는 '창제 정신'을 인정한 것이나 다름없지요.

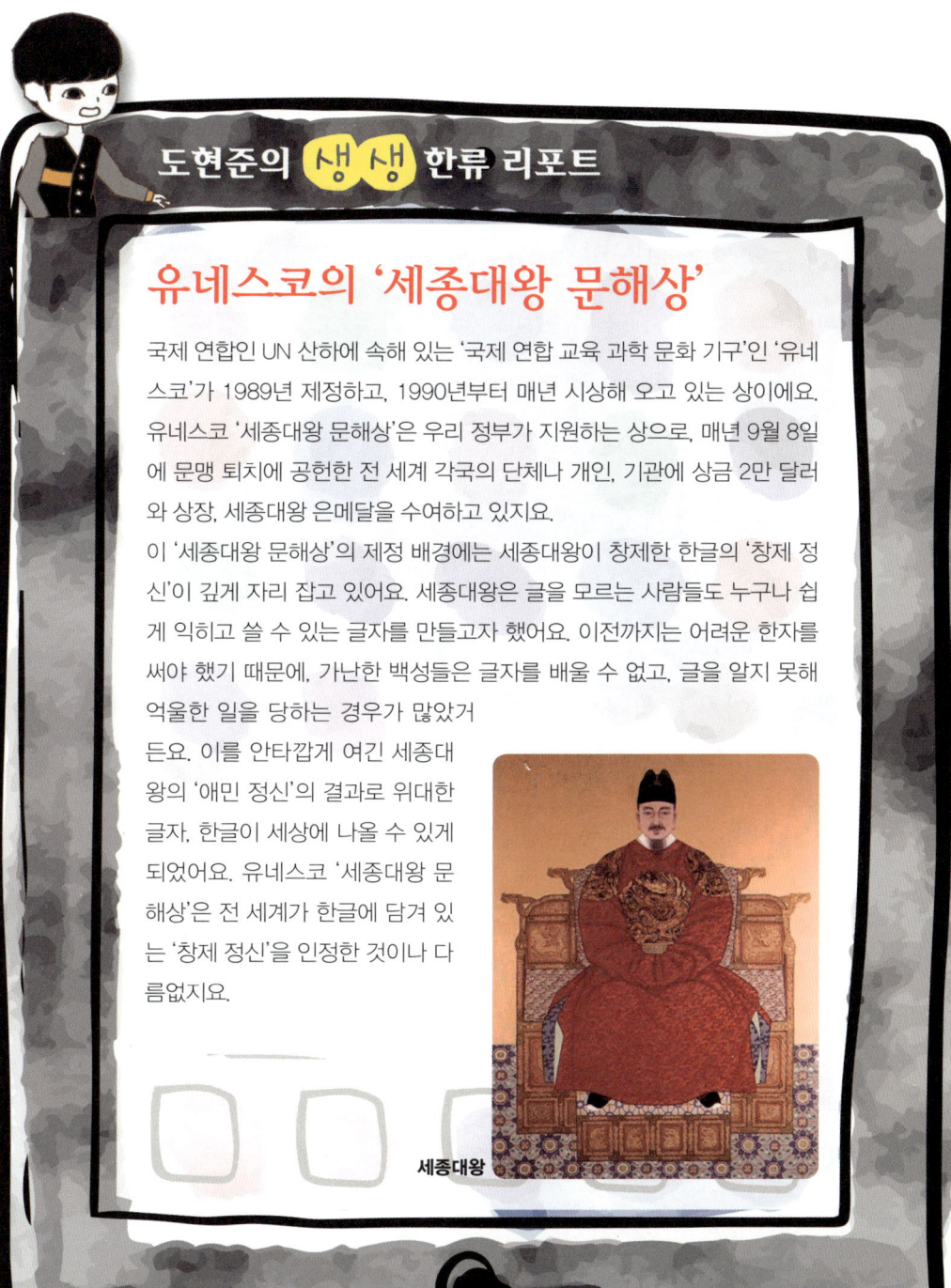

세종대왕

서 서로 그 책을 돌려 보는데, 빨리 읽고 싶어서 죽을 뻔했다니까."

뜬금없는 도현준의 말에 백송이가 고개를 갸웃했어요. 그 사실을 눈치채지 못한 도현준은 계속 말을 이어 갔지요.

"그뿐만이 아니야. 한글이 얼마나 배우기 쉽고 우수한 글자냐면 말이지, 고종 황제께서 1886년에 설립한 '육영공원'이라는 교육 기관에서 서양에서 온 헐버트라는 선교사한테 한글을 가르쳤거든. 그런데 헐버트 선교사가 단 일주일 만에 한글을 깨우쳤어. 단 일주일! 서양에서 평생 영어만 쓰던 선교사가 일주일 만에 한글을 깨우쳤다고! 고종 황제께서 기뻐하셨던 모습이 아직도 내 눈에 선한데……."

마침내 백송이가 이상하다는 듯 쳐다보며 말했어요.

"무슨 소리야? 마치 네가 직접 보고 겪었던 것처럼 얘기한다?"

깜짝 놀란 도현준이 당황하며 말을 돌렸어요.

"아 아니, 그런 드라마를 봤다 그거지. 아무튼 우리가 외국어 공부를 해서, 외국 문학 작품이나 영화, 노래 가사들의 의미를 제대로, 더 깊게 이해하고 싶은 마음을 갖는 것처럼, 한국 드라마나 K-POP을 좋아하는 외국인들의 마음도 똑같을 거야. 그래서 한국에 와서 한국 문화를 직접 체험하며 한국어를 공부하려는 외국인 학생들도 크게 늘어났어. 1993년 '경희대학교 국제교육원'에 한국어 과정이 처음 생겼을 때, 외국 학생이 단 2명뿐이었대. 그런데 현재는 매해 100여 개국에서 6000여 명의 외국인과 재외 동포 학생들이 교육을 받고 있어. 학생들의 국적도 처음에는 일본이나 중국, 대만 같은 아시아권 나라들이 대부분이었지만 요즘은 프랑스, 영국, 브라질, 러시아 등 남미와 유럽에서 온 학생들도 많아졌대."

　백송이는 자기 팬들에게 한없이 고마운 마음이 들었어요. 도현준의 말을 듣고 나니 외국인들이 처음 듣는 언어와 생소한 문화를 배경으로 제작한 드라마와 음악을 좋아하고, 또 그 나라 언어까지 공부하고픈 마음이 들게 되는 일이 얼마나 쉽지 않은 일인지 알게 되었지요.

　백송이는 자신에게 응원 댓글을 남긴 태국 팬의 블로그를 방문해 글들을 살펴보았어요. 태국 팬은 서툰 한국어로 매일매일 '한국 생활 일기'를 남기고 있었어요. 한국에서 먹었던 음식, 한국에서 하는 공부, 한국에서 발견한 명소, 한국 친구들과 함께 떠난 한국 여행까지……. 한국에 대한 애정이 담뿍 담겨 있었지요.

　그때 백송이의 시선을 사로잡은 글이 있었어요. 태국 팬이 바로 어제 치렀다는 한국어 능력시험 토픽(TOPIK)에 대한 내용이었지요. 토플(TOFLE)이나 토익(TOEIC)은 많이 들어 봤는데, 토픽은 처음 들어 보는 시험이었어요. 백송이는 도현준에게 물었어요.

　"한국어 능력시험도 있어?"

　"그럼, 있지. 한류 열풍 덕분에 한국어 능력시험인 토픽 응시생들도 점점 많아지고 있대. 2016년에는 전 세계 45개국에서 약 7만 2천여 명의

인기 넘버 원!
한국의 주전부리들

중국과 러시아의 국민 간식

동그란 모양의 촉촉한 파이 사이에 흰색 마시멜로를 끼우고 겉은 초콜릿으로 코팅해 한국에서도 큰 인기를 끌고 있는 과자, 초코파이는 한국을 넘어, 철저한 현지화 전략으로 중국과 러시아에서도 큰 인기를 끌고 있어요. 현재 전 세계 60여 개 국에서 판매되고 있고, 1997년 중국에 생산 공장을 설립하고, 2006년에는 베트남과 러시아에도 현지 공장을 설립해 '간식 한류'를 이끌고 있지요.

일본은 지금 빙수 열풍!

2016년, 까다롭기로 소문난 일본의 디저트 시장에 뛰어들어 현지인들의 큰 인기를 얻고 있는 한국식 빙수 체인점이 화제가 되었어요. 한국식 빙수 전문점은 한국에서 파는 빙수와 동일한 빙수로 승부를 던졌어요. 한국식인 '인절미 빙수' '인절미 토스트'가 일본 현지인들에게도 큰 인기를 끌며 '가장 한국적인 것이 세계적인 것'임을 입증했지요.

추운 러시아에서도 통하는 컵라면

우리나라에서 최초로 사각형의 용기를 적용한 도시락 컵라면은 러시아에서 '국민 식품' 대접을 받고 있다고 해요. 도시락 컵라면은 우리나라 부산항에 정박하고 있던 러시아 선원들이 도시락 컵라면을 우연히 먹어 보고 반해, 수출을 하게 되었다고 해요. 춥디 추운 러시아의 추위를 이겨낼 수 있는 따뜻한 음식으로 알려지면서 인기를 끌고, 지금은 30여 개 나라에 수출되며 한국식 먹거리의 우수성을 알리고 있지요.

브라질을 사로잡은 한국 아이스크림의 맛

긴 연두색 네모 모양의 메론맛 아이스크림이 더운 나라 브라질에서 현지인들에게 큰 사랑을 받고 있어요. 우리나라 돈으로는 약 2500원 정도 되는 꽤 높은 가격으로 판매되고 있지만, 과일즙을 얼린 일반적인 브라질 아이스크림과 달리, 우유와 메론즙 맛이 풍부하게 어울려 브라질에서 고급 아이스크림으로 대접 받으면서 아이스크림 한류에 앞장서고 있어요.

응시생이 시험을 치렀어. 1997년에 치러진 제1회 한국어 능력시험 응시자수는 4개국에 2274명에 불과했다고 하니, 많이 늘어난 거지."

그때 도현준의 스마트폰이 큰 소리를 내며 울렸어요. 누군가에게서 걸려 온 영상 통화였어요. 스마트폰 화면에는 '파티마'라는 석 자가 쓰여 있었어요. 도현준이 잘 되었다는 듯 반가이 대답했지요.

"빨리 받아, 얼른!"

"내, 내가?"

백송이는 어리둥절했지만 순순히 통화 버튼을 눌렀어요.

 ## 중동에 부는 심상치 않은 태권도 열풍

"안녕, 동생! 나야! 파티마! 잘 지내?"

스마트폰에서 들리는 우렁찬 인사 소리에 백송이는 깜짝 놀랐어요. 영상 통화 화면에는 히잡을 쓰고 있는 한 여자아이가 있었지요. 백송이가 물을 틈도 없이, 파티마가 속사포처럼 말했어요.

"나, 태권도 세계 유소년선수권 대회에 이란 대표로 출전하기로 했어! 국가 대표가 된 거야! 히히히! 엥? 도현준이 아니네…… 누구세요?"

"태권도?? 국가 대표??"

백송이는 고개를 갸우뚱하며 화면을 자세히 보았어요. 화면 속 파티마라는 아이 얼굴 아래로 흰색 태권도 도복이 보였어요.

"저기, 누구세요? 이건 도현준 핸드폰인데 바꿔 드릴까요?"

"네…… 근데, 저기, 혹시! 백송이 아니에요?"

백송이는 깜짝 놀랐어요. 알쏭

달쏭해하는 백송이의 표정을 본 파티마가 되물었어요.

"'달에서 온 그대'에 나오는 백송이 맞잖아요! 그렇죠?"

"네, 그렇긴 한데요……."

"엄마야! 백송이, 너무 만나고 싶었어요! 백송이, 고마워! 고마워요!"

처음 보는 외국 사람이 '엄마야!'를 말할 정도로 유창하게 한국어를 하지 않나, 다짜고짜 자기한테 고맙다고 말을 하지 않나, 백송이는 도통 영문을 알 수 없었어요. 백송이가 주저하며 물었어요.

"저기……, 히잡까지 쓰고 계신 걸 보니 외국사람 같은데, 어떻게 언니는 그렇게 한국말을 잘해요?"

"언니, 언니! 난 언니라는 말 좋아해요! 내가 사는 이란에서 방영된 한국 드라마 '대장금'에서도 언니란 말이 나와서 잘 알고 있어요. 난 벌써 한국어 공부를 시작한 지 3년이 다 돼 가요. 참, 아까 말했던 드라마 '대장금'은 2006년에 이란에서 방영됐는데, 최고 시청률이 무려 89퍼센트나 됐어요. 그 시청률에, 나도 한몫했고요! 헤헤."

이란이라는 말에 백송이는 깜짝 놀랐어요.

"이란이면 저쪽, 중동 쪽 나라 아니에요? 석유와 천연가스 같은 천연자원을 많이 보유한 나라 말이에요. 그렇게 먼 나라의 텔레비전 방송에서, '대장금'을 봤다고요?"

"당연하죠. '대장금' 말고 '주몽'도 인기가 많았다고요. 이란과 한국이 얼마나 긴밀한데요. 1200년 전에는 비단길을 통해 이란의 페르시아와 한국의 통일신라가 서로 교류했고, 1977년에는 이란의 테헤란에 '서울로'라는 이름이 붙은 길이 생겨 아직까지 그 길 이름이 유지되고 있다고요. 서울에도 '테헤란로'가 있잖아요. 2016년 1월에는 이란의 경제 제재가 풀려서, 한국과 교류가 더욱 많아지고 있고요.

1977년에 설치된 테헤란로 표지석

한국은 태권도의 나라이기도 하니까, 전 올해 한국에 가기로 했어요. 너무 기대돼요!"

백송이는 깜짝 놀랐어요. 아시아 국가와 유럽, 미주에서 퍼지는 한류 이야기는 익히 들어서 알고 있었지만, 중동에까지 한류가 일고 있었다는 사실은 전혀 몰랐거든요. 백송이는 다시 물었어요.

"그런데 왜 저한테 고맙다고 하시는 거예요?"

"백송이 씨가 최근에 출연한 드라마 '달에서 온 그대'를 보면서 태권도 훈련의 고됨을 잊을 수 있었거든요. 가족과 친구를 사랑하는 모습이 너무 감동적이었어요. 요즘 저 같은 중동의 청소년이나 젊은 사람들은 좀 더 자유롭고 새로운 문화를 접해 보고 싶어 하는데, 마침 한국 드라마가 딱 맞더라고요. 너무 개인주의적이고 개방적이었다면 우리 정서상 거부감이 들었을 텐데, 한국 드라마는 재미있는 건 물론이고, 가족을 중요하게 여기면서도 효 정신과 여성들을 배려하는 정서가 많이 담겨 있어서 다른 중동 국가에서도 한류가 일고 있어요. 또 중동에서 한국 가전제품과 한국 자동차가 얼마나 인기가 많은데요. 요르단이나 알제리, 아랍에미리트, 사우디아라비아 같은 나라에서는 대학교에 한국어 수업이 개설되어 원하는 학생들은 한국어와 한국 문화를 배울 수 있어서, 제 주위에 한국말 잘하는 애들이 진짜 많아요!"

아직도 영문을 모르겠다는 표정의 백송이가 어찌나 귀여웠는지, 도현준은 절로 웃음이 나왔어요. 그러고는 화면 속 파티마를 향해 말했어요.

"누나, 축하해요! 이란 유소년 대표라니, 멋지잖아요!"

"너 SNS에서는 백송이랑 친구라는 얘기 전혀 없었잖아! 너무하다!"

"얘기했었는데, 누나가 태권도 연습 때문에 까먹은 거겠죠!"

알고 보니, 파티마와 도현준은 SNS를 통해 알게 된 친구였어요. 파티마는 한국 드라마를 좋아해서 한국어를 공부하던 도중, 2000년에 올림픽 정식 종목으로 채택된 '태권도'에 빠지게 된 여자아이였어요. 태권도는 옛날 '태껸' '수박'으로 불리던 우리 고유의 무술로, 몸과 정신과 인격을 함께 수양하는 무술이에요. 이란은 태권도 인구만 200만 명이 넘는 국가로, 태권도 사범 수만 4천 명, 태권도 도장과 클럽 수는 무려 3800개나 된대요. 국제 태권도 대회에서도 한국을 가장 위협하는 라이벌 국가로, 제2의 태권도 대국이라 불릴 정도지요.

"어떻게 중동에 태권도가 알려진 거지? 아무리 태권도가 올림픽 종목이라지만……."

파티마가 씨익 웃었어요. 도현준도 미소를 지으며 말해 주었지요.

"어떤 사람들은 태권도를 '한류의 원조'라고 부르기도 해."

"태권도가 한류의 원조? 완전 금시초문인걸."

"IT 기술과 인터넷 발달 덕분에 비교적 최근에 급속도로 퍼진 우리 대중문화와는 다르게, 태권도는 일찍이 1960년대와 1970년대부터 태권도 사범들 한 명 한 명이 직접 세계로 나가 태권도를 전파하고 있었대."

"그렇게 일찍부터? 도대체 왜?"

얘기를 듣던 파티마가 대신 대답해 주었어요.

"태권도는 그럴 만한 가치가 있는 무예예요. 만약 그렇지 않았다면, 태권도가 지금처럼 191개 나라에서 약 7천만 명이 즐기는 스포츠가 될 수 있었을까요? 태권도를 즐기는 사람으로서, 전 태권도의 매력은 역시 태권도에 녹아 있는 예의와 공경, 애국심, 인내와 협동 같은 정신적 가치라고 생각해요. 신체만 단련하는 게 아니라, 마음과 정신적인 면까지 함께 단련해야 한다는 태권도 정신! 게다가 태권도는 남을 공격하기 위한 무술이 아니라, 나를 지키는 무술이라는 점에서 더욱 멋진 고차원적 무술이에요!"

태권도의 매력을 유창한 한국어로 한국 사람인 백송이에게 설명하는 이란 사람 파티마의 눈은 반짝반짝 빛나고 있었어요. 파티마가 태권도를 얼마나 사랑하는지, 그리고 백송이를 얼마나 좋아하는지 금세 알 수 있었지요. 도현준이 덧붙여 말했어요.

"이란 말고도 터키, 이집트, 아제르바이잔, 요르단, 카타르 같은 여러 중동 국가들에서도 태권도 인구가 늘어나고 있어. 이란에는 우리나라에도 없는, 세계 유일의 '태권도 리그전'이 있다니까. 굉장하지? 이게 다 우리 한국 태권도 사범님들이 태권도 보급을 위해 직접 아시아와 중동, 미주, 유럽, 아프리카까지 가서 태권도를 적극적으로 알렸기에 가능했던 거야."

순간 백송이는 자신의 귀를 의심했어요. 중동 쪽의 태권도 인기도 놀라운데, 아프리카에서도 태권도를 즐기고 있다니요!

"아프리카에서도 태권도를 배운다고?"

"그럼 물론이지. 전 세계 태권도 유단자 수는 약 900만 명 정도야. 상당수가 아시아권 국가들에 있긴 하지만, 아프리카에도 약 3만 2천 명 정도의 유단자가 있고, 유럽에 약 10만 9천 명 정도가, 그리고 북미와 중남미 쪽에 약 30만 명의 태권도 유단자가 있어. 태권도의 발전과 확산을 위한 세계 태권도 본부인 우리나라의 '국기원'은 2015년에 아프리카 국가인 남아프리카공화국, 보츠와나, 레소토, 스와질랜드 등 총 6개 나라의 태권도 협회와 협약을 맺어 아프리카의 태권도 보급을 적극적으로 돕기로 했어. 앞으로 아프리카에서도 태권도 인구가 더 늘어나겠지."

파티마의 얼굴엔 자부심이 가득해 보였어요. 한국 고유의 무예를, 한국인인 자기보다 더 잘 알고 있는 파티마의 얼굴을 보니 조금 부끄럽기도 하면서 가슴이 벅차올랐지요.

"아무튼 현준아, 한국 가면 연락할게. 혹시 그때 백송이 동생도 만날 수 있으면 좋겠어요. 한류 스타라서, 나 같은 외국 사람을 만나 줄지 모르겠……."

"꼭 만나요, 파티마 언니. 꼭이요!"

파티마의 말이 끝나기도 전에 백송이는 자기도 모르게 외쳤어요. 외동딸로 형제자매 없이 외롭게 지냈던 터라, 동생이라 불러 주는 파티마가 너무 고마웠거든요. 파티마는 작별 인사를 하고는 영상 통화를 끊었어요. 통화가 끝난 지 한참 되었지만, 백송이는 스마트폰 화면에서 시선을 떼지 못하고 있었어요. 도현준이 가만히 말했어요.

"2016년 8월 브라질에서 열린 리우 올림픽 기억하지?"

"응."

"그때 18살인 이란 소녀 '키미아 알리자데 제누린'이 태권도 여자 57킬로그램 급에서 히잡을 쓴 채 동메달을 따는 모습이 전 세계에 생중계되면서, 중동에서 태권도 인기가 더욱 높아졌대. 분명 많은 이슬람 국가 여성들에게 태권도는 희망이나 다름없었을 거야. 중동의 많은 국가들이 믿는 이슬람교는 여성들의 사회 활동 제약이 많고 얼굴 전체를 내놓거나 신체 일부를 밖으로 드러내는 것도 금지하고 있는데, 태권도 도복은 온몸을 감싸고, 얼굴에 쓰는 방어구도 히잡을 쓴 채 착용할 수 있어서 이란에서 여성들에게 허용된 몇 안 되는 스포츠야. 그래서 파티마 누나 같은 이슬람교를 믿는 여자들 사이에서 태권도 열풍이 일고 있지."

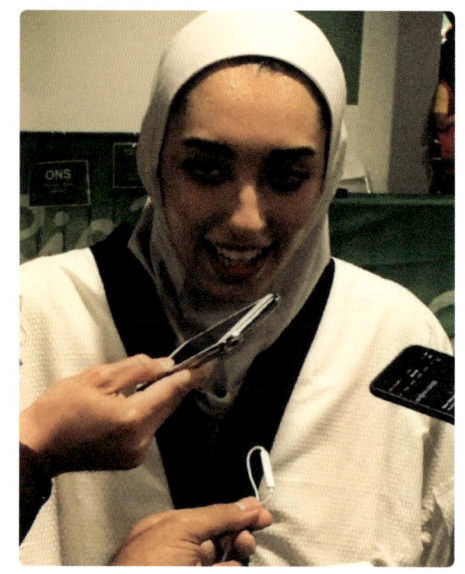

카미아 알리자데 제누린

그러고 보니, 백송이는 얼마 전에 들었던 뉴스 기사가 떠올랐어요. 태권도가 2020년 일본 도쿄에서 열리는 장애인 올림픽인 '패럴림픽'에서도 정식 종목으로 채택되었다는 소식이었지요. 몸이 불편한 사람들도 태권도를 즐길 수 있게 된다는 사실에 기쁨을 느끼는 것도 잠깐, 백송이는 만약 태권도의 복장이나 정신세계가 이슬람교와 맞지 않는 부분이 있었다면, 이슬람교를 믿는 여성들은 결코 태권도를 즐길 수 없었을 거라는 생각이 들었어요. 그리고 며칠 전 한류 박람회에서의 자신의 모습이 떠올랐지요. 지금까지 백송이는 타 문화를 즐기는 데 있어서, 종교적 차이나 생각의 차이로 그 문화를 즐기지 못할 수도 있다는 것은 알지 못했어요. 동시에 상대방의 문화를 이해해 보려고 하지도 않고, 우리나라 문화만을 일방적으로 권유했던 자신의 모습이 진심으로 부끄러워졌지요. 게다가 그런 자신이 정작, 한국을 사랑하는 외국인들보다 우리 문화에 대해 더 잘 알고 있지 못하다는 것을 깨닫자 더욱 부끄러웠지요.

백송이는 결심한 듯 도현준에게 말했어요.

"나, 결심했어. 더 이상 이렇게 숨거나 피하지 않을 거야."

"정말?"

"응. 내가 했던 행동을 정식으로 사과하고, 한류 홍보 대사로서 공부할 거야. 그런 다음에, 드라마 '사랑이 뭐길래 2017' 오디션에 참가할 거야. 나 자신한테, 그리고 팬들에게 부끄럽지 않도록! 그러니까 밥 먹고 힘낼 거야. 엄마! 나 밥 주세요, 배고파요!"

재빨리 부엌으로 달려가는 백송이의 뒷모습을 바라보는 도현준의 얼굴에는 감격한 표정이 떠올랐어요.

> 토론왕 되기!

반한 감정이란 무엇일까?

한국에 관심을 가지는 세계인들이 늘어날수록, 한국 사람, 한국 문화, 한국을 싫어하는 현상을 일컫는 말인 '반한 감정' 역시 문제가 되고 있어요. 반한 감정을 인터넷 웹사이트에서 드러내는 것은 물론, 폭력적인 거리 시위까지 서슴지 않는 사람들도 생겨났고 한국 사람이라는 이유만으로 이유 없이 폭행을 가하는 '혐한 범죄'까지 일어나 심각한 사회 문제가 되고 있지요.

'사드 배치'와 중국 내 반한 감정

중국은 우리나라와 1992년 서로 외교 관계를 맺기 시작하면서 긴밀한 교류를 이어 왔어요. 근래 들어 중국에 한류 열풍이 불기 시작하면서 양국의 교류가 더욱 활발해졌지요. 하지만 2016년 우리나라와 미국이 북한의 군사적 움직임을 경계하기 위해 '사드'라는 미사일 방어 체계를 우리나라에 배치하기로 결정하면서, 중국은 사드 배치가 중국에 위협과 피해를 준다고 강력하게 항의했어요. 동시에 중국 내 반한 감정이 커지기 시작했어요. 거기에 우리나라 국회의원 S가 방송 토론 프로그램에서 중국 사람들을 '11억 거지떼'라고 표현한 것이 알려지면서 더 큰 반발을 불러 일으켰지요. 중국의 한 신문 기자가 중국 '웨이보'라는 SNS에서 "만약 정부가 한류 스타의 출연을 금지한다면 찬성하느냐"라는 투표를 진행했는데, 30만여 명의 응답자 가운데 86%가 한류 스타의 출연 금지에 찬성한다고 답했어요.

'폭행과 욕설' 격해지는 일본 내 반한 감정

2016년 10월, 일본 오사카의 한 관광지를 여행하던 한국 여성 두 명이 갑작스럽게 일본 청년 네 명에게 이유도 없이 욕설을 듣고 희롱을 당하는 일이 일어났어요. 실제 한국 여성들이 촬영한 영상에는 '한국, 죽어라!'라는 말을 하며 욕을 하는 일본 청년의 모습이 고스란히 찍혔지요. 또 같은 해 오사카에 있는 유명 초밥집에서는 직원들이 한국인들이 주문한 초밥에 매운 고추냉이를 일부러 많이 넣

어, 괴로워하는 한국인들을 보고 비웃는 일이 발생하기도 했지요. 2016년에 일본 오사카에 가족 여행을 떠난 한국인 가족들이 사람이 많은 대로변에서 갑자기 나타난 일본인 청년 두 명에게 이유 없이 구타를 당하는 사건까지 일어났어요. 일본 서점에서는 한국을 비하하는 잡지 코너가 마련되어 있기도 하고, 차마 입에 담지 못할 욕을 퍼붓는 반한 시위대가 도교 한복판을 점령하는 일도 잦아졌어요. 실제로 2015년 우리 외교부의 설문 조사 결과, 일본 국민의 59.7%가 반한 감정을 가지고 있다고 응답했어요.

아이돌 가수로부터 촉발된 대만 내 반한 감정

2016년 1월, 대만 출신 여자 아이돌 가수 멤버가 방송에서 대만 국기를 흔들었다가 사과를 하는 일이 발생했어요. 이 사실이 알려지자, 대만 사람들은 격한 반한 감정을 드러냈어요. 일반 시민뿐만 아니라 대만의 유명 인사가 반한 감정을 드러낸 사례도 있었어요. 한 대만 배우는 2012년 한 시상식에서 "더 이상 '한류'를 좇지 말고, 연예인들 또한 힘을 모두 합쳐 '강남스타일'을 부르지 말자"고 말하기도 했고, 대만의 한 부품 제조 회사는 반한 감정을 가진 회사 회장의 말에 따라 "일본과 손잡고 한국을 이기자"를 구호로 삼고 있기도 해요.

나는야 문화 교류 지킴이!

백송이를 격려하기 위해, 도현준과 백송이는 이태원으로 외식을 하러 갔어요. 백송이와 도현준이 가게 문을 열고 들어가 보니, 세계 각국의 사람들이 한 자리에 모여 밥을 먹으며 서로의 생각을 나누고 있었지요. 사람들의 대화를 잘 듣고, 올바른 문화 교류의 태도를 가진 사람들은 누구일지 찾아보세요.

손님1: 에이, 다른 나라 음식이라서 그런지 무지하게 맛없네. 한식 수준이 겨우 이거야? 진짜 별로다.

손님2: 아 짜증나, 여기가 한국이야, 외국이야? 왜 이렇게 외국 사람들이 많아? 아니, 자기네 나라에서 먹지 왜 남의 나라까지 와서 이렇게 줄을 서게 만드는 거야? 어휴, 시끄러워.

손님4: 한국 사람들은 외국인 관광객들한테 바가지를 많이 씌운다고 들었어. 조심해야지, 한국 사람은 아무도 믿어선 안 돼.

손님3: 와, 중국 사람들인가 봐. 중국 사람들이 이렇게 한국에 관심이 많으니까 나도 중국에 관심이 생기네. 나도 중국에 대해 좀 더 공부해야겠다.

요리사: 한국 사람, 외국 사람 모두가 한식의 매력을 느낄 수 있게끔 최선을 다해야지! 아, 손님들한테 맛이 어땠냐고 물어봐야겠다. 한국 사람들, 외국 사람들의 취향과 입맛을 모두 파악해 두면, 다음에 새로운 한식 메뉴를 개발할 때 도움이 될 거야!

정답: 손님 3과 요리사입니다. 매스이는 매일 지수에 관심을 가져하고, 의를 통해 더 깊은 이해와 교류의 태도를 지니고 있습니다. 손님 3은 다른 나라 사람들을 보고 그 나라의 문화에 관심을 가지며, 요리사는 한국과 외국 사람 모두가 만족할 수 있도록 노력하는 태도를 보이고 있어요.

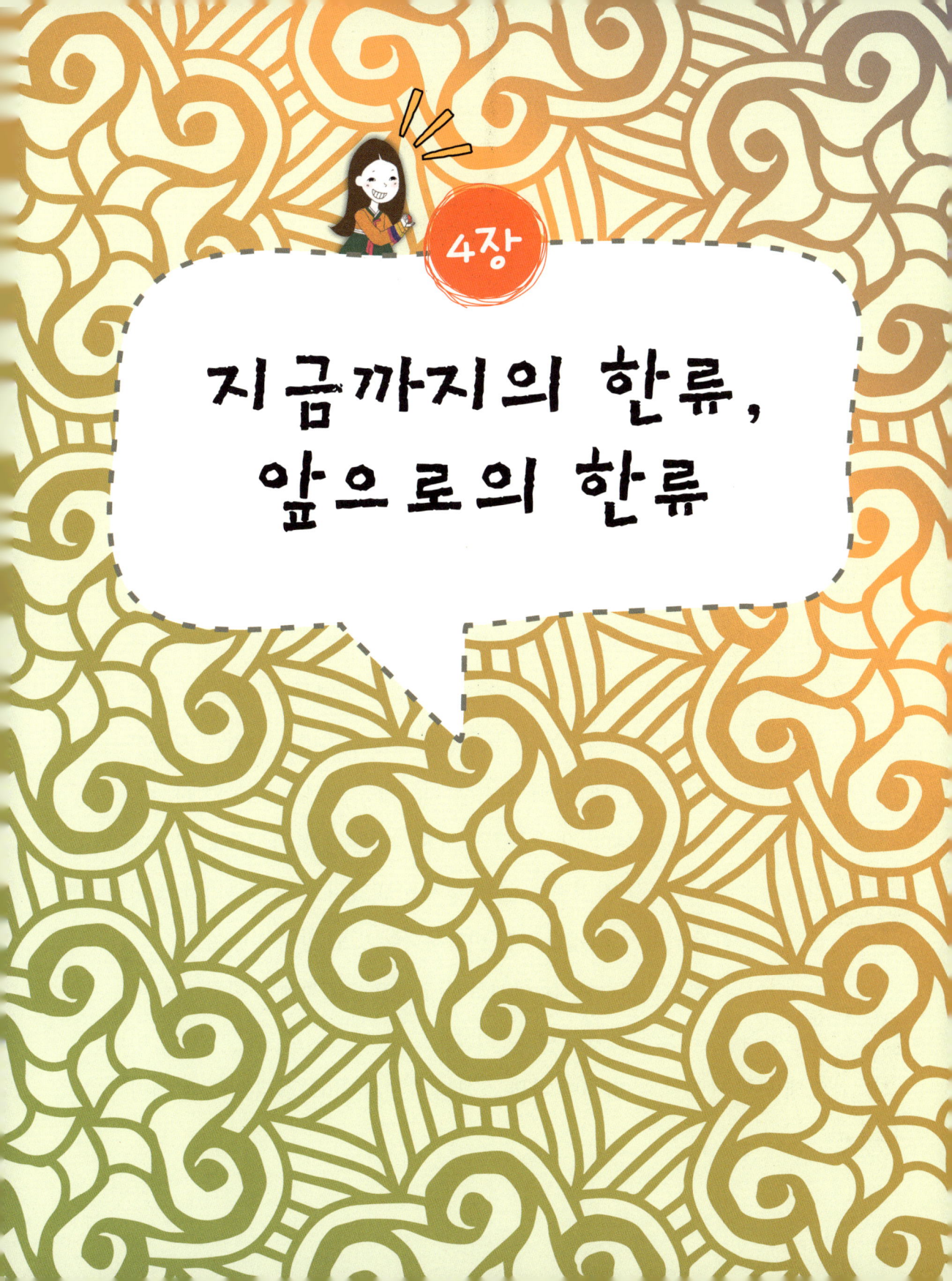

4장
지금까지의 한류, 앞으로의 한류

 ## 오늘날의 한류

　백송이는 밤새 자신의 팬 카페와 개인 SNS 사이트에 정성스러운 사과 글을 써서 올렸어요. 아직 초등학생인지라 알지 못하는 게 많았고, 이번 일로 무지한 것이 잘못이라는 것을 깨달았다는 첫머리로 시작해 지금까지 한류에 대해 잘 알지도 못하면서 스스로 '한류 스타'라 칭했던 자신이 부끄럽다는 내용을 담아 진심을 전했지요. 또 김치를 먹으라고 강하게 권하기는 했지만, 결코 억지로 입에 넣지는 않았다고 해명하면서 많이 불편하고 화가 났을 루시에게 정말 미안하다는 말도 잊지 않았어요.

　백송이의 글은 순식간에 전 세계로 퍼졌어요. 전 세계의 한류 팬들이 백송이의 글을 영어로, 중국어로, 일본어로, 브라질어로, 프랑스어로 번역해 실어 날랐지요. 하지만 나쁜 소식은 금세 퍼지고, 좋은 소식은 더디

게 퍼지는 법. 백송이에 대한 좋지 않은 인식은 쉽게 사라지지 않았어요. 아직 많은 사람들에게 백송이는 '싸가지' 없는 아역 초등학생이었지요.

 하지만 백송이는 포기하지 않았어요. 오히려 더욱 '사랑이 뭐길래 2017' 오디션 준비에 몰입했어요. 학교 수업이 끝나고 하루 5시간씩 꼬박꼬박 연기 연습과 노래 연습을 하는 것도 잊지 않았어요. 좋지 않은 소문이 퍼진 탓에 예정되어 있었던 많은 촬영이 취소되어, 오히려 연기 공부에 더욱 매진할 수 있었지요.

그 사이에 백송이와 도현준은 한류에 대한 여러 가지 이야기를 나누면서 더욱 가까워졌어요. 두 아이가 한류에 관해 이야기를 나눈 시간만 해도 수십 시간이 넘을 거예요. 백송이가 아무리 질문을 많이 해도, 도현준은 단 한 번도 귀찮아하는 기색을 보이지 않았어요.

드디어, 오디션은 하루 앞으로 다가왔어요. 이날도 늦게까지 연기 연습을 하는 백송이의 곁을 도현준이 지키며, 시간이 날 때마다 많은 이야기를 나누었어요. 화제는 단연 한류였지요. 쉬는 시간, 도현준이 먼저 말을 꺼냈어요.

"드라마나 K-POP에서 시작된 한류 열풍이 이제는 한식이나 한복, 한글, 태권도 같은 한국 문화 자체로 확대되었다는 건 이미 알지?"

"그럼. 배우나 가수들을 좋아하던 한류 팬들이 그 관심을 '한국' 자체로 돌려, 한국 문화에까지 관심을 갖게 되었다는 거잖아."

도현준이 고개를 끄덕이며 말을 이었어요.

"그럼 질문 하나 할게. 한류 열풍의 영향을 가장 크게 느낄 수 있는 분야로는 뭐가 있을까?"

"음…… 야, 도현준. 너 나를 너무 바보 취급하는 거 아냐? 당연히 관광 분야와 무역 분야겠지. 해외 관광객 수가 얼마나 늘었고, 무역 수출액이 얼마나 늘었고 하는 어려운 얘기들, 기사로도 엄청 나오잖아."

말을 마친 백송이가 씨익 웃자 도현준도 씩 웃으며 대답했어요.

"맞아, 제2의 한류 열풍을 일으킬 대작 드라마의 오디션을 볼 텐데, 좀 더 자세히 알고 가는 게 좋겠지?"

"너, 이제 내 맘 귀신같이 잘 아는구나."

둘은 동시에 쿡쿡 웃었어요. 도현준이 말했지요.

"2016년에 우리나라를 방문한 외국인 관광객이 1700만 명을 넘었다고 해. 2006년만 해도 약 615만 명 정도였는데, 약 10년 새에 관광객 수가 3배나 증가한 거야. 일본이나 중국 사람은 물론, 인도네시아나 필리핀, 베트남 등 동남아시아 사람들의 방문도 빠르게 늘고 있대."

"네 말은, 관광객 수가 많아진 게 다 한류 열풍 때문이라는 거지?"

"그렇다고 봐야지. 주목할 점은 한국에 와서 쇼핑을 즐기는 외국인 관광객들도 많지만, 요즘은 한국 가수 공연을 보고, 한복을 입고 우리 고궁 관람을 하며 '한국 문화 체험' 자체를 즐기는 관광객들이 많아졌다는 거야. 그리고 무역 분야는……."

"굳이 설명 안 해 줘도 돼. 나도 신문에서 봤어. 한류 인기가 높은 국가들은 여전히 아시아 국가들이긴 하지만 아랍에미리트나 캐나다, 인도 같은 나라에서 한류가 전보다 크게 일어났다고 해. 한류로 인한 콘텐츠나 관광 등의 수출액도 2014년보다 늘었고, 문화 콘텐츠 수출도 늘었다고 하더라고."

도현준이 감탄하며 말했어요.

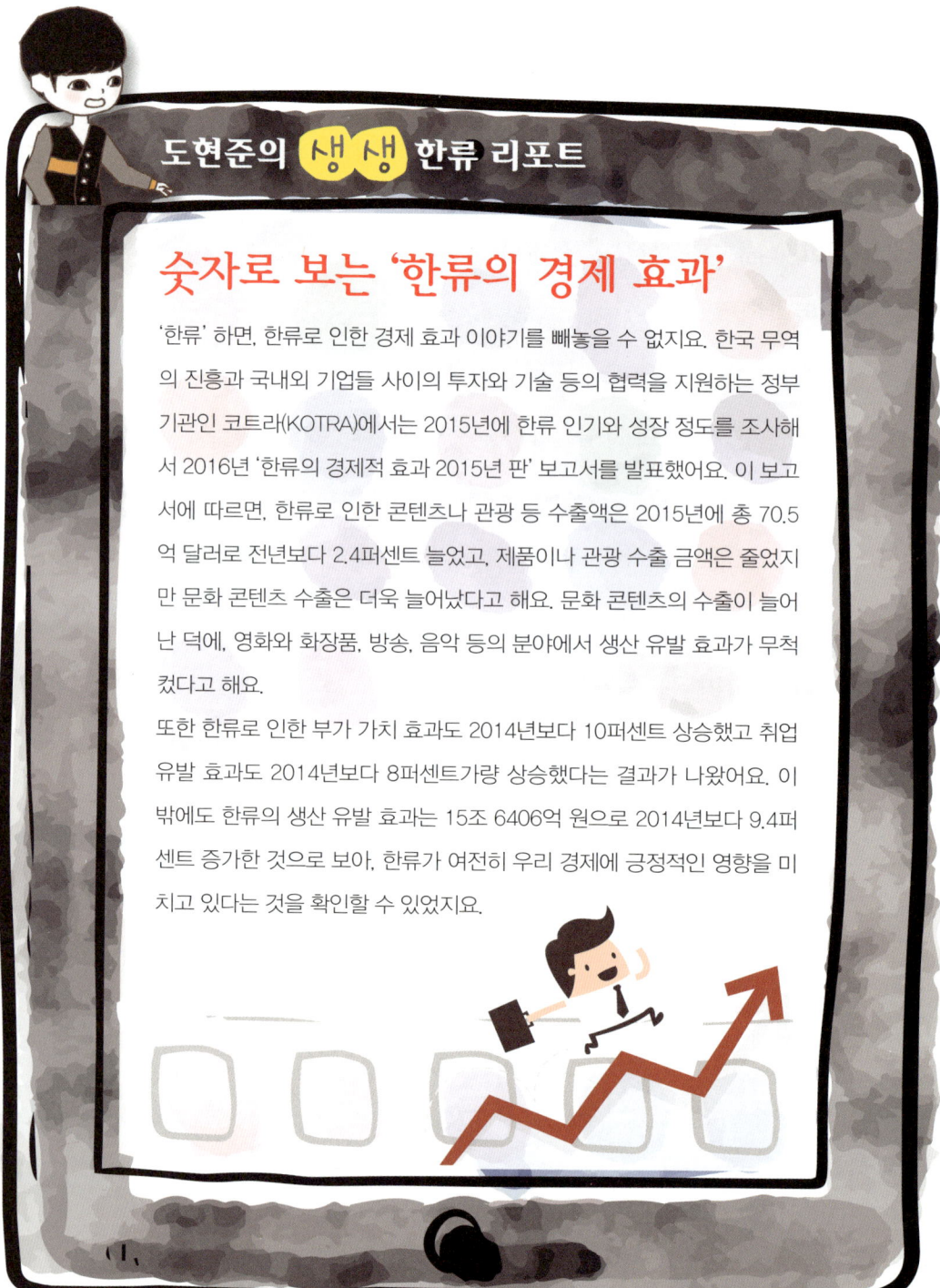

숫자로 보는 '한류의 경제 효과'

'한류' 하면, 한류로 인한 경제 효과 이야기를 빼놓을 수 없지요. 한국 무역의 진흥과 국내외 기업들 사이의 투자와 기술 등의 협력을 지원하는 정부 기관인 코트라(KOTRA)에서는 2015년에 한류 인기와 성장 정도를 조사해서 2016년 '한류의 경제적 효과 2015년 판' 보고서를 발표했어요. 이 보고서에 따르면, 한류로 인한 콘텐츠나 관광 등 수출액은 2015년에 총 70.5억 달러로 전년보다 2.4퍼센트 늘었고, 제품이나 관광 수출 금액은 줄었지만 문화 콘텐츠 수출은 더욱 늘어났다고 해요. 문화 콘텐츠의 수출이 늘어난 덕에, 영화와 화장품, 방송, 음악 등의 분야에서 생산 유발 효과가 무척 컸다고 해요.

또한 한류로 인한 부가 가치 효과도 2014년보다 10퍼센트 상승했고 취업 유발 효과도 2014년보다 8퍼센트가량 상승했다는 결과가 나왔어요. 이 밖에도 한류의 생산 유발 효과는 15조 6406억 원으로 2014년보다 9.4퍼센트 증가한 것으로 보아, 한류가 여전히 우리 경제에 긍정적인 영향을 미치고 있다는 것을 확인할 수 있었지요.

"내가 더 말해 줄 게 없는데?"

"그럼, 내가 오디션을 위해 연기 연습만 한 줄 알아? 그동안 한류 공부도 엄청 했다고. 그래서 내가 내린 결론이 뭔지 알아?"

"뭔데?"

"한국은 과거 일제 강점기를 겪고, 동족상잔의 비극까지 겪으며 지독한 가난을 겪었던 나라에서, 지금은 첨단 과학 기술과 수준 높은 문화 콘텐츠로 앞서 나가는 나라가 되었다는 것. 그리고 이제는 한국의 전통 문화와 역사까지 같이 알려야 할 차례라는 것! 바로 내가 그 역할을 할 거란 말씀이지."

도현준은 따뜻한 눈빛으로 백송이를 바라보았어요. 백송이도 환한 미소로 화답했지요. 그러다 문득 궁금한 것이 떠올라 도현준에게 물었어요.

"그런데 말이야, 나랑 처음 엘리베이터에서 만났을 때 내가 도움이 필요한 건 어떻게 알았어? 나 그때 너무 외롭고 힘들었다는 거 말이야."

"내가 쭉 지켜봤으니까."

"응? 네가 왜?"

"아주 먼 옛날에, 너랑 관계있는 사람이 날 도와줬거든."

"그게 누군데?"

"넌 말해 줘도 모를걸?"

"으이구, 잘난 척하기는!"

둘은 큰 소리로 함께 웃었어요.

다음 날, 백송이와 엄마, 그리고 도현준은 그토록 기다려 왔던 드라마 '사랑이 뭐길래 2017' 오디션장에 동행했어요. 백송이는 2시간 동안 초조하게 자기 차례를 기다렸어요.

"다음, 백송이 양."

이름이 불리자, 순간 백송이의 머릿속에 인터넷에서 보았던 수많은 악플들이 스쳐 지나갔어요. 백송이가 어지럽다고 느끼는 순간, 도현준이 나지막이 입을 열었어요.

"넌 할 수 있어, 백송이."

그러자 백송이의 마음 한구석에서 알 수 없는 힘이 솟구쳤어요. 백송이는 씩씩하게 오디션장의 문을 벌컥 열었지요. 문 안에는 드라마 총감독과 작가, 그리고 제작자가 앉아 있었어요. 이미 여러 사람들의 면접을 본지라, 무척이나 피곤해 보이는 얼굴이었어요. 백송이는 크게 외쳤어요.

"안녕하세요! 백송이입니다. 제가 출연했던 작품으로는…….."

"됐고요, 백송이 양이 누군지 여기 있는 사람들 모두 다 아니까, 연기부터 하세요."

자기소개도 제대로 하지 못한 채 연기를 해야 해서 조금 불안했지만, 백송이는 씩씩하게 '지정 작품 연기'를 해 냈어요. 하지만 백송이의 연기를 본 감독들은 시큰둥한 얼굴이었어요. 총감독이 먼저 입을 열었어요.

"텔레비전에서 보던 거랑 똑같네."

"그러게요, 뭐 새로운 거 없어?"

백송이는 당황하지 않고 대답했어요.

"네, 그럼 자유 연기를 준비해 왔는데, 한번 보여 드릴……."

"아니다, 백송이 씨, 한류 홍보 대사 했다고 했잖아. 한류에 관해서 질문할게요."

'한류'라는 말에 백송이의 심장이 쿵 내려앉았어요. 면접관들은 백송이의 김치 사건을 아직 잊지 않고 있었던 거예요. 하지만 지금은 예전의 백송이가 아니었어요. 열심히 한류 홍보 대사로서 공부한 만큼, 한류와 관련된 질문에는 자신 있었지요. 그런데 갑자기 드라마 제작자가 빙글빙글 웃는 표정을 지으며 물었어요.

"어디, 이 드라마로 전 세계 사람들의 돈을 얼마나 쓸어 담을 수 있을 것 같아요?"

"…… 네? 그게 무슨……."

"송이 양은 텔레비전도 안 봐? 한류 하면 돈이잖아, 돈. 이 드라마가 돈을 얼마나 벌었다, 이 드라마가 무역 수출액과 관광객을 이만큼 늘렸다 하는 얘기. 아니, 한류 홍보 대사가 그런 것도 몰라?"

백송이는 갑작스러운 말에 놀라 말을 더듬었어요.

"아니, 모, 몰라서 그런 게 아니라요. 제, 제가 알기로 이 드라마는 한국 역사와 전통 문화, 그리고 현대와의 조화로움을 보여 줘서 전 세계 사람들한테 우리 한민족 정신과 문화의 우수성을 알리고 한류가 몇 십 년 뒤에도 계속 이어질 수 있도록……."

그러자 드라마 작가가 백송이의 말을 중간에 툭 끊었어요.

"그건 우리가 나중에 생각할 테니까, 백송이 양을 출연시켜 주면, 우리한테 돈 얼마나 벌어 줄 건지부터 말하라고요."

백송이는 온몸이 부들부들 떨렸어요. 그토록 기다렸던 오디션이, 연기 실력과 한류에 대한 지식으로 평가하는 오디션이 아니라, 오직 '돈'을 얼마나 벌지를 평가하는 오디션이라는 사실에 크게 실망했지요. 백송이는 저도 모르게 중얼거렸어요.
　　"……는 아니에요."
　　"뭐라고요? 얼마라고요?"
　　"한류를 돈으로만 보지 마세요! 물론 한류 덕분에 큰 경제 효과를 보긴 했지만, 결과적으로 한류는 돈이 아닌 문화 대 문화로 접근해야 하는 거라고요. 저 같은 초등학생도 다 아는데 왜 아줌마 아저씨들은 모르시는 거예요? 처음에 한류는 우리의 좋은 문화와 콘텐츠를 다른 나라와 같이 공유하고 나누고 싶은 순수한 마음에서 시작한 거 아니냐고요! 그런데 왜 돈 얘기만 하시는 거예요?"
　　"…… 지금, 아줌마 아저씨라고 했어요? 우리한테?"
　　"네! 이런 유명한 드라마를 찍고, 쓰고, 제작하는 분들이 어떻게 좋은 드라마를 만들지 고민하는 것보다, 어떻게 돈을 많이 벌지를 먼저 고민하시는 걸 보니 제가 아는 감독님, 작가님, 제작자님이 아닌 거 같아서요. 제가 알려 드려요? 한류는 돈이 아니라, 문화 현상이라고요, 문화 현상!"
　　"백송이 씨, 미쳤어요? 나가요. 당장!"

"안 그래도 나갈 거예요! 이런 오디션, 제 쪽에서 사양이라고요!"

백송이는 문을 쾅 닫고 오디션장을 나왔어요. 씩씩거리며 나온 백송이를 보고 도현준과 엄마가 달려와 속사포처럼 질문을 해 댔어요.

"송이야, 안에서 큰 소리가 나던데, 무슨 일이야?

"왜 이렇게 빨리 나왔어? 들어간 지 5분도 안 됐잖아."

"응, 때려 쳤어. 이런 오디션 안 봐도 될 것 같아서."

"뭐??"

"아, 후련하다! 이렇게 할 말 다 한 오디션은 처음이야! 가자, 이제. 집으로!"

어리둥절해하는 엄마와 도현준과는 달리, 백송이의 얼굴은 환했어요.

 ## 부상하고 있는 차세대 한류

오디션을 본 이후, 백송이는 너무 허무했어요. 앞으로 무얼 해야 할지 알 수 없었지요. 오랜 시간 목표했던 일이 허탈하게 끝나 버리자, 연기를 그만둘까도 생각했지요. 그러던 어느 날, 엄마가 말했어요.

"송이야, 기획사에서 연락 왔는데, 너 스케줄이 잡혔다는데?"

"스케줄? 저한테요?"

"그래. 마지막 한류 홍보 대사 활동으로, 프랑스에서 온 아역 배우 '빅토리아'의 한국 가이드 역할을 좀 해 달라는데?"

빅토리아는 백송이가 출연한 한국 드라마를 보고, 백송이의 팬이 되었대요. 빅토리아의 엄마가 한국 사람이라, 빅토리아는 한국어를 능숙하게 구사한대요. 하지만 한국 관광은 처음이라, 특별히 백송이의 기획사에 부탁해 2박 3일간 동행해 줄 수 있냐고 물었다고 했어요. 그런데 한 가지 걸리는 점이 있었어요. 2박 3일간 취재진도 함께 동행하는데, 동행 기자가 바로 백송이의 김치 사건을 쓴 기자였던 거예요.

"…… 아무래도 좀 그렇겠지?"

백송이도 잠시 망설였어요. 하지만 이내 결심하고는 대답했어요.

"아니야, 할래. 도현준이랑 같이 가면 돼. 걔가 날 도와줄 테니까."

"정말 괜찮겠어?"

"응, 걱정하지 마 엄마."

백송이는 엄마를 안심시켰어요. 그리고 드디어 빅토리아를 만나는 날이 왔어요. 빅토리아가 꼭 해 보고 싶었다는 '템플 스테이'를 위해 절 앞에서 백송이는 도현준과 함께 빅토리아를 기다렸지요. 잠시 후 저 멀리, 빅토리아가 보였어요. 백송이는 반갑게 달려가 인사를 나눴어요.

"안녕! 반가워, 빅토리아. 한국에 온 걸 환영해."

"안녕! 반가워, 백송이. 널 꼭 만나고 싶었어. 그런데 얘는 누구야?"

"응, 얘는 내 친구야. 도현준이라고, 너한테 한국 얘기를 나보다 더 많이 들려 줄 수 있는 친구여서 데리고 왔어."

빅토리아가 킥킥 웃으며 말을 이었어요.

"네 남자친구구나?"

"아니야!"

"히히, 부끄러워할 거 없어."

얼굴이 새빨개진 백송이는 재빨리 말을 돌렸지요.

"일단 안으로 들어가자. 너 정말 한국 좋아하는구나. 템플 스테이는 어떻게 안 거야?"

"엄마를 통해 한국에 관심을 갖게 되면서 불교도 알게 됐어. 불교는 한국에서 거의 1700년에 가까운 역사를 가지고 있다며? 한국에 여행 가 본 친구한테 물어 봤더니, 한국에는 스님들이 매일 경험하는 일상을 그대로 체험해 볼 수 있는 '템플 스테이'라는 게 있다고 하더라고. 스님들이랑 같이 명상이나 참선을 하면서 힐링도 할 수 있고, 한국의 정신문화도 깨달을 수 있었대. 그리고 자연 재료로 만든 사찰 음식! 그게 그렇게 맛있대!"

프랑스 인기 아역 배우라고 해서 굉장히 까탈스러울 줄 알았는데, 빅토리아는 의외로 소박한 것을 좋아하는 상냥한 아이였어요. 도현준이 기쁘게 대답해 주었지요.

"그럴 거야. 유럽에는 높은 경제 성장을 이룬 나라가 많기 때문에 먹고 사는 것을 걱정하기보다 삶의 질 향상을 추구하는 사람들이 많대. 그래서, 고즈넉한 절에서 명상 등을 통해 몸과 마음을 자연과 함께 치유하는 템플 스테이에 관심이 많대. OECD는 템플 스테이를 '창의적이고 경쟁력 있는 우수 문화상품'으로 선정하기도 했으니까."

곧이어 백송이의 김치 사건 기사를 쓴 기자도 도착했어요. 처음에는 그 기자 아저씨가 굉장히 신경 쓰였지만, 고즈넉한 절에서 자연과 함께 명상을 즐기는 사이, 마음속에 있었던 불안이나 미움이 어느새 달아났지요. 기자 아저씨가 백송이를 보는 눈빛도 처음과는 달리 많이 누그러진 듯했어요.

그리고 저녁 시간 소박한 그릇에 담긴 정갈한 사찰 음식이 나왔어요. 다행히 사찰 음식은 빅토리아의 입에 잘 맞는 듯했어요. 식사가 끝난 뒤,

백송이와 빅토리아, 도현준은 절 앞마당을 조용히 산책했지요. 그때, 갑자기 기자 아저씨가 나타나더니 백송이에게 툭 말을 건넸어요.

"백송이 양, 미안하구나."

갑작스러운 말에 백송이는 깜짝 놀랐어요.

"네? 갑자기 그게 무슨……."

"그때 그 기사. 내가 좀 과장해서 쓴 거 맞단다. 네가 한류 홍보 대사인데도 한류에 대해 너무 모르는 것 같아서, 조금 욱한 거였어. 그런데 지금 여기서 빅토리아를 안내하는 걸 보니, 많이 달라진 것 같아서 미안했단다."

백송이가 대답했어요.

"괜찮아요, 아저씨. 템플 스테이에서 다 털어 냈으니까요."

백송이와 도현준은 서로의 얼굴을 바라보며 씨익 웃었어요.

다음 날, 빅토리아의 둘째 날 일정이 진행되었어요. 꾸미기를 좋아하는 빅토리아를 위해 서울의 명동 거리에 나가 화장품 매장 투어를 하기로 결정했지요. 빅토리아는 알록달록하게 꾸며진 화장품 매장에서 눈을 떼지 못했어요.

"이것도 너무 귀엽다! 이것도 너무 예쁘고…… 어, 이건 송이 네가 드라마에서 쓰던 거 아니야?"

"맞아. 그거 실제로 써 보니까 진짜 좋더라고."

"그래? 그럼 나 이거 살래!"

화장품에 온통 정신이 팔려 있는 두 여자아이를 보며 도현준이 혀를 찼어요.

"내가 보기엔 다 그 색이 그 색깔 같은데, 뭐가 그렇게 다르다고 여러 개 사는 거야?"

그러자 빅토리아가 입을 삐쭉 내밀며 말했어요.

"얼마나 다르다고, 한국 화장품 품질이 얼마나 좋은데. 게다가 가격도 합리적이라 외국 사람들 사이에서도 입소문이 났다고. 물론 드라마나 영화, K-POP의 한류 영향도 있었지. 한류 열풍이 불고 있는 중국에는 이미 유명 한국 화장품 브랜드들이 많이 진출해 있고, 미국이나 내가 사는 프랑스에도 많은 한국 화장품 브랜드들이 단독

매장을 운영하고 있다고. 게다가 난 인터넷으로도 한국 화장품을 많이 사는데, 지금 눈앞에 있는 한국 화장품들을 어떻게 안 살 수 있겠어? 게다가 직접 와서 사니까 더 싸!"

그러자 백송이가 거들었어요.

"네 말이 완~전 맞아. 2015년에는 화장품 수출액이 총 3조 원을 넘었대. 화장품 업계의 무역 흑자가 2015년에 처음으로 10억 달러가 넘었고, 중국과 동남아시아에서 불었던 화장품 한류가 요즘은 미국과 유럽, 중동까지 번지면서 화장품 한류 열풍 국가들이 점점 다양해지고 있다고. 쯧쯧, 이래서 남자애들은 안 된다니까!"

백송이와 빅토리아는 서로의 얼굴을 바라보며 킥킥 웃었어요. 템플 스테이를 함께한 하루 동안, 둘은 세상에 둘도 없는 단짝처럼 친해졌지요. 그 모습을 본 도현준이 혼잣말을 했어요.

"그래, 백송이. 이제 너한테 친구가 생겼네."

"응? 방금 뭐라고 했어?"

"아니야, 아무것도."

"참, 맞다. 송이야. 나 한국어로 된 책 한 권 사고 싶은데, 근처에 서점 있을까?"

백송이가 환하게 웃으며 대답했어요.

"응, 알지! 참, 잘 됐다. 너한테 꼭 말해 주고 싶은 게 있었어."

세 사람은 화장품 가게를 나와 서점으로 향했어요. 한참 가다 보니, 양옆에 온통 병원 간판이 가득한 길이 나왔지요. 빅토리아는 저도 모르게 감탄하며 말했어요.

"와, 이게 다 병원이야?"

그러자 도현준이 말해 주었어요.

"응, 명동 거리는 외국인들이 많은 거리라 외국인 진료도 하는 병원들이 많아. 2015년에 한국의 의료 서비스를 받으러 온 외국인들이 몇 명인지 알아? 총 29만 6889명이래. 중국인들이 가장 많았고, 그 다음이 미국. 이렇게 매년 의료 서비스를 받으러 한국을 방문하는 외국인들이 점점 늘고 있대. 게다가 2016년 6월부터 '의료 해외 진출법'이 본격적으로 시행되면서 의료기관도 더 적극적으로 외국인 환자를 유치할 거고, 또 관련 일자리도 많이 생길 거라 하더라고."

"그래서 이렇게 병원이 많았구나."

이런 저런 이야기를 하며 걷는 동안, 세 사람은 서점에 도착했어요. 백송이는 빅토리아가 읽을 만한 한국의 동화책들을 권해 주었어요. 빅토리아는 무척 신나 했지요.

"송이야 정말 고마워, 돌아가는 비행기 안에서 읽어야겠다. 내 또래 한국 아이들은 어떤 이야기들을 읽는지 정말 궁금했거든."

"나도 프랑스어 공부해서 빅토리아 네가 읽는 이야기들을 읽어 보고 싶

도현준의 생생 한류 리포트

외국인들에게 한류란?

'한류' 하면 외국인들은 가장 먼저 무엇을 떠올릴까요? '문화체육관광부'와 '한국문화산업 교류 재단'이 2015년에 중국, 일본, 미국 브라질 등 14개 나라 6500여 명의 사람을 대상으로 실시한 '제5회 해외 한류 실태 조사'의 결과에 따르면, 한국을 대표하는 콘텐츠는 바로 K-POP이라고 대답한 사람들이 가장 많았다고 해요. 그 다음으로는 한식, IT 첨단 산업, 드라마, 미용이 한국을 대표하는 콘텐츠로 꼽혔다고 하지요.

'한국 문화 콘텐츠' 중 대중적인 인기를 얻고 있다고 생각되는 것으로는 한식, K-POP, 패션과 뷰티 콘텐츠가 꼽혔어요. '한국 문화 콘텐츠'의 이용량 역시 1년 전과 비교해 증가했다는 비율이 감소했다는 비율보다 높아, 아직 한류에 대한 관심과 영향력이 식지 않았다는 사실을 확인할 수 있었지요.

하지만, 이 조사에서도 한류는 중국, 일본, 대만 등에서의 인지도는 높지만, 유럽과 미주 지역에서는 인지도가 낮다는 결과가 나왔어요. 또 한국 문화 콘텐츠를 즐기고 싶어도 영어 같은 공용어로 된 한국 대중문화 정보가 부족하고, 주변에 한류 대중문화 상품 구입처가 많지 않아 불편을 겪고 있다고 대답한 사람들이 많았어요. 이 조사는 많은 사람들이 한류의 현재 모습을 파악하고, 한류의 발전 방향을 고민하게끔 이끌어 주었답니다.

다."

"내가 가르쳐 줄게! 네 메신저 아이디 알려 줘. 요즘 세상이 어떤 세상이야? 국경 없는 세상, 인터넷 하나로 뭐든 연결되는 세상이잖아. 히히."

"맞다! 내가 그 생각을 못했네. 그 덕분에 한류가 퍼질 수 있었던 건데. 히히히."

백송이와 빅토리아가 즐겁게 이야기를 나누는 모습에 도현준은 무척이나 뿌듯했어요. 그때, 도현준의 눈에 '펭귄 클래식' 책이 눈에 띄었어요. 그러자 지금까지 잠자코 있던 기자 아저씨가 갑자기 입을 열었어요.

"2016년에, 미국 유명 출판사인 펭귄 출판사에서 오랜 역사를 가진 '펭귄 클래식' 시리즈에 우리 한국 고전인 『홍길동전』을 포함시켰단다. 이제 곧 『구운몽』도 나올 거래. 알지? 『홍길동전』과 『구운몽』."

"와! 한국 문학이 인정받았으니, 한글에 대한 관심이 더 높아지겠네요. 이러다 문학 한류까지 일겠는데요? 빨리 그런 날이 왔으면 좋겠어요."

백송이는 환한 미소를 지어 보였어요. 도현준과 빅토리아도 함께 미소 지었지요.

서점 방문까지 마치고 맛있는 저녁 식사를 함께한 뒤, 백송이와 도현준, 빅토리아와 기자 아저씨는 아쉬움을 뒤로 하고 헤어졌어요. 그리고 다음 날, 빅토리아는 프랑스로 돌아가기 위해 공항으로 향했어요. 비행기 탑승을 기다리는 동안, 빅토리아 손에는 오늘자 신문이 들려 있었지요. 빅토리아가 읽고 있는 기사의 제목은 이랬답니다.

우리 백송이가 변했어요! 한류 스타 백송이의 대 반전

백송이가 진정한 한류 스타로 거듭났다. 몇 달 전, 자원봉사자로 참석한 외국인 유학생에게 김치를 강하게 권했던 모습은 온데간데없었다. 기자는 2박 3일 간 한류 스타 백송이와 프랑스 인기 아역 배우 빅토리아와 함께한 한국 관광에 동행하면서 백송이의 새로운 면모를 보게 되었다. 한국의 템플 스테이를 적극적으로 알리는 모습, 한국 화장품과 의료 관광에 대한 해박한 지식을 자랑하는 모습이 …… 중략 …… 백송이는 이제 진정한 한류 스타가 되었다.

 **1400년 전 역사 속 한류**

백송이는 이제 더 이상 '최고의 한류 아역 스타'라는 타이틀에 집착하지 않게 되었어요. 진정한 한류 스타는 인기뿐만 아니라 한국 문화, 나아가 다른 나라의 문화까지 잘 이해하고 있어야 한다는 것을 깨달은 뒤로, 백송이는 책을 가까이하게 되었어요.

어느 날 집에서 책을 보고 있던 백송이네 집에 도현준이 찾아 왔어요. 백송이는 이제 도현준의 방문이 싫지만은 않았어요. 오히려 반가운 마음까지 들었지요. 도현준이 물었어요.

"새로운 책이네. 무슨 책이야?"

"이거? 역사 관련 책. 고구려, 신라, 백제 삼국에 대한 책인데, 엄청 놀라운 사실을 알게 됐다고. 너, 알았어? 이미 1400년 전에 한류 열풍이 시작되었다는 사실을!"

"1400년 전? 에이, 그게 무슨 소리야? 그땐 인터넷도 없던 시대잖아."

"그렇지? 그런데 말이야, 아무것도 없던 그 옛날에 백제 사람들은 배를 타고 일본으로 건너가서 글자와 불교 같은 선진 문화를 전파해 줬대. 백제가 전수했던 문화들은 무척 수준 높은 것들이어서, 당시 제대로 된 문명을 일구지 못했던 일본 사람들은 백제에서 온 문화를 접하고 무척 놀라워했대. 백제가 일본에 여러 가지 문화를 전파한 결과 일본 최초의 불

교 문화인 '아스카 문화'가 형성될 수 있었고, 덕분에 일본이 고대 국가로서의 면모를 갖출 수 있게 되었다고 하더라고."

도현준은 놀라운 얼굴로 백송이가 들고 있던 책을 빼앗아 재빨리 읽어 보았어요. 책 내용은 무척 놀라웠어요. 백제의 학자였던 왕인과 아직기는 일본에 건너가 '천자문'과 '논어' 등을 전수하면서 일본에 한자와 유교를 전파했대요. 또 백제 26대 왕인 성왕은 일본에 백제의 승려 16명과 불교 관련 건축물과 조각을 만드는 기술자뿐만 아니라 여러 경전과 불상을 보내 일본에 불교를 처음 알렸대요. 그뿐만이 아니었어요. 백제는 건물을 짓는 법, 불상을 만들고 조각하는 법, 도자기 빚는 법, 옷을 직조하는 법, 그림을 그리는 법 같은 예술 문화까지 일본에 잔뜩 전해 주었다고 해요. 도현준은 깜짝 놀랐어요.

"와, 1400년 전 한류는 규모와 수준, 파급력이 오늘날의 한류와는 차원이 다르네. 한 나라의 문화 형성에 직접 영향을 미칠 정도라니, 그 수준이 얼마나 높았을까?"

백송이가 대답했어요.

"백제만 일본에 문화를 전파한 것이 아니야. 신라도 배를 만드는 법과 제방을 쌓는 축제술을 일본에 전했고, 고구려의 승려이자 화가였던 담징은 610년에 일본에 가서 유교를 가르치고 종이를 만들고 먹을 만드는 방법까지 가르쳤대. 정말 우리 조상들 대단해. 인터넷도, 기술도 발달하지 않았던 시절에 직접 일본으로 건너가 문화 한류를 일으키고, '아스카 문화'라는 문화 형성의 초석을 다졌다는 게 그저 감탄만 나와……."

순간, 백송이의 머릿속에 큰 깨달음 하나가 스쳐 지나갔어요.

"아, 바로 이거야!"

"갑자기 무슨 소리야?"

"역사는 현재를 비추는 거울이라는 말이 딱 맞는 것 같아. 봐 봐, 백제, 고구려, 신라가 전파한 문화가 당시 일본의 역사와 문화를 일구는 데 바탕이 되어 오늘날의 일본이 존재하는 것처럼, 문화 교류도 그런 식으로 이루어져야 하는 거 아닐까?"

도현준은 알쏭달쏭하다는 얼굴로 물었어요.

"네 말 뜻은, 우리 문화를 다른 나라에 많이 알리는 게 올바른 문화 교류라는 거야?"

"아니, 물론 우리 고유의 훌륭한 문화를 다른 나라 사람들이 많이 알게 된다면 정말 더없이 기쁜 일이지. 그런데 봐, 문화가 아직 꽃피지 않았던 일본에 삼국의 문화가 전파되면서 '아스카 문화'라는 새로운 문화가 일어난 것처럼, 우리 한류가 다른 고유한 문화를 향유하고 있던 나라에 퍼지면, 여러 문화들이 공존하면서 새로운 문화가 형성되고, 또 새로운 역사가 시작될 수도 있는 거야. 그렇게 서로의 문화가 더욱 발전해 나갈 수 있다는 거지."

도현준이 곰곰 생각하더니, 다시 입을 열었어요.

"그런데 백송이, 그런 말을 하면 어떤 사람들은 화를 낼 것 같아. 다른 나라의 문화가 많이 들어오면, 우리 고유의 문화가 묻히면서 결국은 사라질지도 모른다고, 위험하다고 말이야."

그러자 백송이가 손뼉을 탁 치고 말했어요.

"중국과 일본, 대만에 거세지고 있는 반한 감정이 그런 이유에서가 아닐까? 한류 열풍이 너무 뜨거우니까, 자기 나라 고유의 문화가 잊힐까 봐 염려하는 거지."

도현준은 백송이의 말에 일리가 있다는 생각이 들었어요. 특히나 젊은 사람들이 자국 문화를 더 알려고 하기보다 한국 문화에 더욱 열중하고 관심을 보인다면, 한류 열풍을 경계하는 것이 어쩌면 당연한 일인지도 모른다는 생각이 들었지요. 생각에 잠긴 도현준을 보고 백송이가 다시 말을 이었어요.

"처음 우리나라에 일본 문화를 개방한다고 했을 때, 많은 사람들이 같은 이유로 우려하고 걱정했대. 자극적이고 화려하고 세련되어 보이던 일본 대중문화에 우리나라 대중문화가 사라지고 묻힐까 봐. 그런데, 결과는 어때? 오히려 한국 드라마와 한국 대중가요가 일본에서 큰 사랑을 받고, 일본뿐만 아니라 다른 나라에서도 사랑받고 있잖아."

자신감 넘치게 말하는 백송이의 눈은 몹시 반짝였어요. 그러고는 힘 있

도현준의 생생 한류 리포트

일본의 국보로 지정된 유물, 칠지도

일본 나라 현에 있는 한 절이 가지고 있는 칼로, 1953년 일본의 국보로 지정되었어요. 이 칼의 앞뒤에는 당시 고대 일본과 우리 한반도의 깊게 교류하고 있었다는 사실을 잘 드러내 주는 글이 새겨져 있는데, 그 글자를 해석한 결과, 백제의 왕세자가 만들어 일본 왕에게 전해 준 칼이라는 사실이 밝혀졌어요. 그러나 약 60개의 글자 중 몇몇 글자는 알아보기가 어려워서 "한반도에서 일본에 하사(윗사람이 아랫사람에게, 혹은 임금이 신하에게 물건을 주는 것)한 것인지, 한반도가 일본에 진상(진귀한 물품을 임금이나 고관에게 바침)한 것인지"에 대한 의견이 부딪히고 있지요. 우리나라 학자들은 오히려 '제후왕' '후세에 전하여 보여라' 등의 문구로 봐서, 백제가 왜에 '하사'한 것이라고 강력하게 주장하고 있답니다.

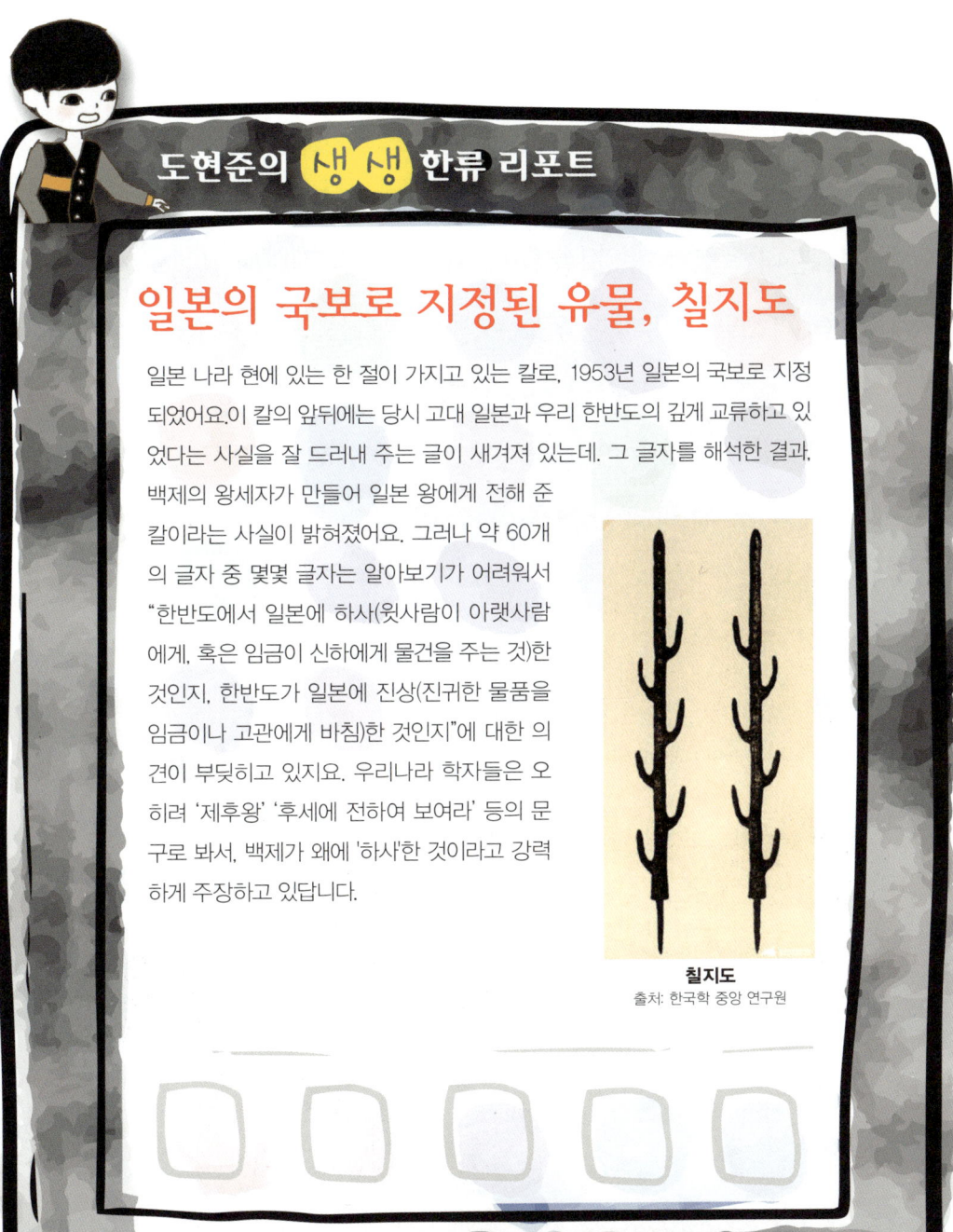

칠지도
출처: 한국학 중앙 연구원

지금까지의 한류, 앞으로의 한류

게 말을 이었어요.

"어렸을 때부터 배우 일을 해서 어른들이랑 일하다 보니까, 나도 모르게 어른 흉내를 냈나 봐. 사람들이 나한테 한류에 대해 물어보면, 난 텔레비전이나 신문에 많이 나오는 얘기를 했거든. 한류는 우리나라 무역과 수출에 긍정적인 영향을 주고, 관련 일자리도 많이 생겨나고, 화장품이나 관광, 방송 산업 등이 더욱 발달하고 등등······. 그런데 지금 누군가 나한테 다시 물어본다면 난 다르게 대답할 거야."

"뭐라고 대답할 건데?"

백송이가 히히 웃음소리를 내며 말했어요.

"궁금하면 물어 봐. 얼른!"

도현준은 따뜻한 미소를 지었어요. 얼른 백송이의 대답이 듣고 싶었지요.

"초딩 배우 백송이에게 한류란?"

백송이가 한 치의 망설임도 없이 힘차게 말했어요.

"한국 문화의 우수성을 깨닫게 해 준 고마운 은인. 우리나라의 훌륭한 생활 문화, 무형 문화, 유형 문화들을 다른 나라 사람들에게 알리고, 다른 나라의 우수한 문화도 함께 접하면서 문화와 문화를 서로 연결하는 '다리' 역할을 하는 배우가 되어야겠다고 결심하게 해 준 고마운 것!"

백송이와 도현준은 서로를 마주 보며 씩 웃었어요.

"따르르르릉!"

순간, 전화벨 소리가 크게 울렸어요. 엄마가 재빨리 전화를 받았지요. 엄마의 표정은 무척 놀란 듯했어요. 잠시 후, 전화를 끊은 엄마가 믿어지지 않는다는 얼굴로 말했어요.

"송이야, 너……."

"왜요 엄마? 무슨 일이에요?"

"너 오디션 합격했대! '사랑이 뭐길래 2017', 오디션! 합격!"

"우와!"

백송이와 도현준, 엄마는 집이 떠나가라 크게 환호성을 질렀어요. 단

언컨대, 오늘은 세 사람에게 가장 행복하고 뜻깊은 날이 될 거예요.

   시간이 많이 지나, 어느덧 12월이 되었어요. 그동안 백송이와 도현준은 거의 만나지 못했어요. 백송이가 드라마 촬영으로 몹시 바빠지면서 만날 시간이 거의 없었거든요. 단짝 도현준의 빈자리는 같이 오디션에 합격한 진유라가 채워 주었어요. 둘은 앙숙이었지만, 한류에 대한 생각이 서로 통한다는 걸 알자, 금방 절친한 친구가 되었지요. 그렇게 어느덧

크리스마스를 5일 앞둔 12월 20일이 되었어요.

  도현준은 거리를 걷고 있었어요. 사람들의 행복한 미소를 보자, 도현준의 입가에도 미소가 맴돌았지요. 그러다 가전제품 가게 앞을 지나가는데, 가게 안 텔레비전에 익숙한 얼굴이 나오는 것을 깨달았어요. 바로 백송이였어요. 백송이는 올해 최고의 아역 한류 스타상 수상자로 호명되고 있었어요. 도현준은 잠시 발걸음을 멈추고, 화면 속 백송이의 얼굴을 바라보며 수상 소감을 들었어요.

"너무 행복합니다. 올해는 정말 제게 의미 있는 해였던 것 같아요. 이 상을 주신 관계자 여러분, 팬 여러분. 정말 감사드립니다. 그런데, 사실 정말 감사해야 할 사람이 또 있어요. 야 도현준, 너 아니었으면 이 상은 받지 못했을 거야. 고마워."

  백송이의 수상 소감을 들은 도현준의 머릿속에는 지구라는 별에 있던 조선이라는 나라에 오게 된 순간부터 지금까지 겪었던 모든 일들이 영화처럼 스쳐 지나갔어요. 도현준의 얼굴에 행복한 미소가 떠올랐지요.

"이제, 떠나도 될 것 같네. 잘 있어, 백송이. 나는 늘 네 근처 어딘가에 있을 테니까."

  말을 마친 도현준은 뒤돌아 떠났어요. 도현준은 두 번 다시 지구에 오지 않을 거예요. 대신 저 멀리에서, 계속 백송이를 지켜보고 있을 거예요.

> 토론왕 되기!

역사 속 한류 열풍을 느끼다

1400년 전, 이미 바다를 건너가 일본에 직접 한류 열풍을 일으켰던 백제인들, 정말 자랑스럽지요? 반도라는 지리적 특성으로, 우리 민족은 오랜 역사 동안 이웃 나라와 끊임없이 교류하며 일찍이 한류의 씨앗을 전 세계에 뿌렸답니다. 그렇다면 우리 역사 속 한류의 흔적을 한번 살펴볼까요?

고려의 명품 종이 '고려지'와 명품 중의 명품, '고려청자'

세계 최초의 종이가 중국에서 만들어졌다는 사실, 알고 있지요? 그런데 먼 옛날, 고려에서 만든 종이 '고려지'가 당시 주변국이었던 중국의 송나라와 원나라에서 큰 인기를 끌었어요. 흰색 빛깔이 아름답고 결이 있으며, 매끄럽다는 호평을 받으며 중국의 문인들에게 큰 인기를 끌었지요. 고려에서 만든 종이가 명품이었다면, 고려의 독자적인 기술로 탄생한 '고려청자'는 명품 중에 명품이었어요. 당시, 송나라 귀족들의 대표 명품 품목 10가지를 정리한 책 『수중금』은 '고려청자는 천하제일이다. 다른 곳에서는 따라 하고자 해도 도저히 할 수 없다.'라며 고려청자의 아름다움과 우수성을 인정했지요. 고려의 높은 기술력이 옛 중국에서도 인정받았다는 사실을 확인할 수 있지요.

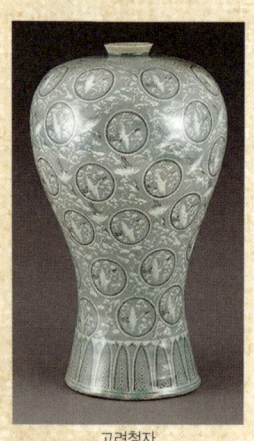
고려청자

일본 최초로 백자를 만든 사람은, 조선의 이삼평

'이삼평'은 지도에도 없었던 일본 아리타를 세계적인 도자기 도시로 만든 자랑스러운 조선 사람이에요. 1598년 일어났던 정유재란 때 도공 이삼평은 왜군에 의해 일본에 포로로 끌려왔어요. 그곳에서 이삼평은 흰 빛깔의 백자를 구울 수 있는 백토를 18년 동안 찾아 헤맨 끝에 일본 아리타 지역에서 백토를 찾아내, 1616년 일본 최초의 백자를 구워 내는 데 성공했지요. 그 소식이 알려지자 일본 전역에서 도공들이 몰려왔고, 아리타는 일본의 유명 도자기 마을이 되었어요. 이후 1950년 일본이 네덜란드 회사에 약 150개 정도의 일본 자기를 수출하면서, 일본 자기는 세계적인 명성을 얻었지요. 조선에서 태어나 나라가 지켜 주지 못한 전쟁으로 일본에 끌려간 조선 도공이, 지금의 도자기 강국 일본을 있게 했다는 사실이 슬프면서도 자랑스러워요.

사가현 아리타시에 있는 이삼평 상

조선 시대의 한류 주역, '조선 통신사'

임진왜란과 정유재란 이후, 한동안 조선은 일본과의 교류를 단절했어요. 하지만 일본의 간곡한 요청으로, 조선은 1428년부터 1818년까지 12차례에 걸쳐 일본에 '조선 통신사'를 보내기로 했지요. 조선 통신사는 조선 왕이 일본 최고 통치자 쇼군에게 보낸 외교 사절로, 문화 교류가 주목적이었지요. 당시 통신사 사절들은 외교관 외에도 시문을 창작하는 문인, 그림을 그리는 화원, 악기를 연주하는 악사, 선진 조선 의술에 앞섰던 의사 등 다양한 분야의 전문가들로 구성되어 있었어요. 일본의 기록에 따르면, 조선 통신사가 오면 일본인 남녀노소가 구름처럼 몰려와 행렬을 구경했고, 통신사 일행이 머무르는 숙소마다 일본인들이 문전성시를 이뤘다고 해요. 그때마다 조선 통신사는 일본에 수준 높은 조선의 문화를 전파했고, 그만큼 많은 문화 혜택을 받았던 일본은 조선 통신사 행렬을 극진히 대접했어요. 당시 일본에서 조선 통신사에게 지출한 접대 비용이 오늘날 기준으로 약 7천억 원 이상이었다고 하니, 그야말로 엄청난 '한류 열풍'이 아닐 수 없지요.

일본으로 가는 조선 통신사 행렬도

퀴즈

한류, 얼마나 이해했니?

도현준은 500년 전 외계인인 자신에게 친절을 베풀었던 조선의 어린 소녀가 보여 준 친절과 희생정신에 작게나마 보답할 수 있어 다행이라고 생각했어요. 도현준은 소녀의 후손, 백송이를 만난 일을 전부 기록으로 남겼어요. 어때요? 도현준의 기록을 보고 빈칸에 알맞은 말을 써 넣어 보세요.

1. ○○는 한자 그대로 한국 문화가 물결처럼 퍼져 나가 인기를 끌고 있는 현상을 뜻합니다. 좁게는 한국 음악이나 영화, 드라마 같은 대중문화, 넓게는 예술 분야나 언어, 그리고 음식 같은 생활 문화가 해외로 확산되어 인기를 얻는 현상입니다.

2. 우리 고유의 글, ○○은 한민족이 쓰는 글입니다. 그러나 최근에는 한류 열풍으로, ○○을 배우고자 하는 외국인들이 늘어나고 있습니다. 미국, 프랑스, 일본, 호주, 태국에서는 대입 시험 과목으로 ○○○를 채택했지요.

3. ○○○는 약 1천 년 전부터 이어 온 한국 고유의 무술로, 우리 역사 속에서는 '태껸' '수박'이라고 불리기도 했습니다. 이 무술은 남을 공격하는 무술이 아닌, 자신을 방어하는 무술이라는 점에서 그 차원이 높습니다. 2000년 시드니 올림픽에서 정식 종목으로 채택되었으며, 최근에는 중동 지역에서 수련생이 많아지면서 큰 인기를 모으고 있습니다.

4. 과거 한반도에 있었던 나라인 ○○는 이미 1400년 전에 일본 땅에 한류 열풍을 일으킨 한류의 기원이 되는 나라입니다. ○○의 학자 왕인 박사는 285년에 일본에 건너가 한자를 가르쳐 주었고, ○○의 성왕은 일본에 승려와 불교 관련 기술자를 보내, 일본에 불교를 전해 주었습니다. 백제가 일본에 문화를 전파한 덕에 일본 최초의 불교 문화인 ○○○ 문화가 형성되었고, 이는 일본이 고대 국가로서의 면모를 갖추는 데 크게 기여했습니다.

정답: 1. 한류 2. 한글 / 한국어 3. 태권도 4. 백제 / 아스카

한류관광 korean.visitseoul.net

서울시가 제공하는 한류 관광 정보 사이트로, 인기 드라마 촬영지, 한류 스타를 만날 수 있는 곳 등 한류 명소와 테마별 한류 체험 프로그램, 서울 여행을 위한 정보를 제공해요.

한류문화원 hallyuhan.or.kr

(사)한류세계문화교류협회에서 운영하는 사이트로, 국내 해외관광객 및 청소년 대상 전통문화 체험을 제공하고 있어요. 다도·전통 예절 체험, 한복·어좌 체험, 전통놀이 체험을 신청할 수 있어요.

용인 대장금파크 www.hallyuforum.com

MBC에서 운영하는 사극 촬영 세트장이자 한류 테마파크예요. 다양한 드라마와 사극들의 촬영장으로 이용되고 있으며, 드라마 제작 기간에는 촬영 장면을 직접 볼 수도 있어요.

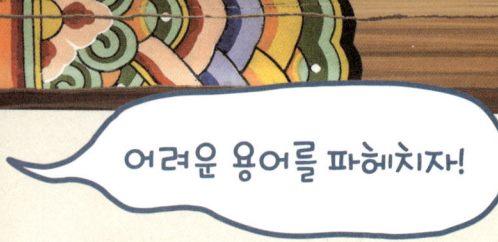

접근성
접근성이란 특정 지역이나 시설로 접근할 수 있는 가능성을 말해요. 일반적으로 거리·통행 시간·매력도 등에 의하여 결정되는 것으로, 이것이 높을수록 교통량이 많아져요.

고유문화
어떤 나라나 민족이 본래 가지고 있는 독특한 문화를 말해요.

대중문화
가요, 드라마, 영화, 유행처럼 특정 사회나 계층을 넘어 현대 사회를 이루는 대다수의 사람들이 공통으로 쉽게 접하고 즐길 수 있는 문화예요. 대중 매체가 발달하면서 대중이 즐길 수 있는 문화의 폭이 확대되었어요.

박람회
한 지역의 산업이나 문화 상태를 소개하기 위해 그에 관련한 각종 사물이나 상품을 전시하거나 실연하는 등 일반 사람들에게 알리기 위한 전시회예요.

콘텐츠
원래는 서적이나 논문 등의 내용이나 목차를 일컫는 말이었어요. 이제는 인터넷이나 방송으로 제공되는 모든 프로그램, 영화나 음악, 만화, 애니메이션, 게임 등 디지털화된 모든 정보를 말해요.

신나는 토론을 위한 맞춤 가이드

한류에 대한 이야기를 재미있게 읽었나요? 이제 한류에 관한 한 박사가 다 되었다고요? 그 전에 마지막 단계인 토론을 잊지 마세요. 토론을 잘하려면 올바른 지식과 다양한 정보가 바탕이 되어야 해요. 책을 다 읽고 친구 또는 엄마와 함께 신나게 토론해 봐요!

잠깐! 토론과 토의는 뭐가 다르지?

토론과 토의는 모두 어떤 문제를 해결하기 위해 의견을 나누는 일입니다. 하지만 주제와 형식이 조금씩 달라요. 토의는 여러 사람의 다양한 의견을 한데 모아 협동하는 일이, 토론은 논리적인 근거로 상대방을 설득하는 일이 중요합니다. 토의는 누군가를 설득하거나 이겨야 하는 것이 아니기 때문에 서로 협력해서 생각의 폭을 넓히고 좋은 결정을 내릴 때 필요해요. 반면 토론은 한 문제를 놓고 찬성과 반대로 나뉘어 서로 대립하는 과정을 거치지요. 넓은 의미에서 토론은 토의까지 포함하는 경우가 많습니다. 토론과 토의 모두 논리적으로 생각 체계를 세우고, 사고력과 창의성을 높이는 데 도움을 준답니다.

토론의 올바른 자세

말하는 사람
1. 자신의 말이 잘 전달되도록 또박또박 말해요.
2. 바닥이나 책상을 보지 말고 앞을 보고 말해요.
3. 상대방이 자신의 주장과 달라도 존중해 주어요.
4. 주어진 시간에만 말을 해요.
5. 할 말을 미리 간단히 적어 두면 좋아요.

듣는 사람
1. 상대방에게 집중하면서 어떤 말을 하는지 열심히 들어요.
2. 비스듬히 앉지 말고 단정한 자세를 해요.
3. 상대방이 말하는 중간에 끼어들지 않아요.
4. 다른 사람과 떠들거나 딴짓을 하지 않아요.
5. 상대방의 말을 적으며 자기 생각과 비교해 봐요.

한류는 어떻게 시작되었을까?

다음은 한류의 발전 과정을 정리한 것입니다. 빈칸에 들어갈 과정을 채워 보세요.

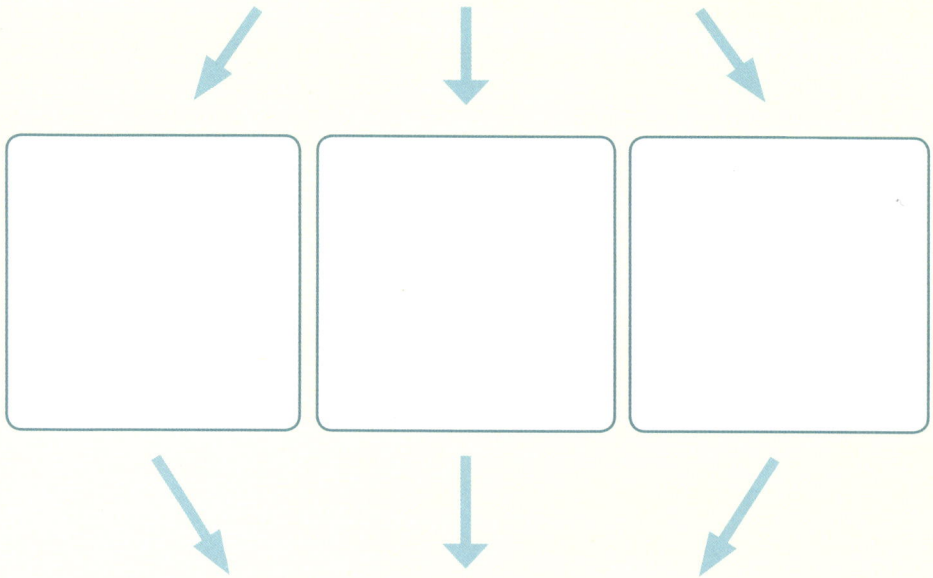

한국의 진정한 가치는 무엇일까?

K-POP과 드라마 열풍으로 패션과 뷰티 업계에도 한류 열풍이 불고 있다고 해요. 다음 기사를 읽고 의견을 나눠 봅시다.

한국 화장품은 수요 대비 공급이 부족한 상황이다. 예컨대 동남아에서는 업자가 아닌 일반 개인들도 한국 화장품을 구매해 개인 SNS를 통해 판매하고 있다. 그런데 한국 업체들은 이 사실을 많이 모르고 있고, 경쟁을 하기도 전에 무너질 위험이 너무 크다.

한국 화장품으로 둔갑한 해외 제품들이 늘어나고 있다. 예를 들어 태국의 n브랜드는 태국 공항을 도배할 정도로 현지에서 한국 화장품으로 유명한 브랜드이다. 그 나라 사람들은 이 브랜드가 100% 한국 화장품인줄 알고 있다. 하지만 한국 사람들 중 그 누구도 이 브랜드를 아는 사람은 없다. 왜냐하면 이 업체는 태국업체이기 때문이다.

또 하나의 예로 서양인들에게 한국 대표 마스크팩으로 소개된 것은 미국 교포가 만든 릴리엔피치였다. 이게 현실이다. 한국 사람들 중 한국 대표 시트마스크 팩 브랜드가 그 업체라고 생각하는 사람이 단 한 명이라도 있을까?

1. K-beauty란 무엇인가요?

2. 한국의 뷰티 산업의 가치는 무엇일까요?

중국의 한류 금지령은 우리나라와 중국에 어떤 영향을 미칠까?

중국에서 한류 금지령이 내렸어요. 이것은 우리나라와 중국에 어떤 영향을 미칠까요? 다음 기사를 읽고 더 생각해 봅시다.

중국에서 한류 스타가 등장하는 드라마, 광고, 영화의 방영을 금지하는 '한류 금지령'이 본격화할 모양이다.

7월 한국이 사드를 도입하겠다고 발표한 뒤 중국 베이징에서 열릴 예정이던 '함부로 애틋하게'의 주인공 김우빈과 수지의 팬 사인회가 돌연 취소되는 1차 금지령이 있었다. 이번엔 한일 군사비밀정보보호협정을 계기로 중국 당국이 한류를 전면 차단할 것이라는 현지의 보도다.

중국 연예매체에 따르면 한한령은 공식 문건도 없이 은밀하게 진행된다. 김우빈 사인회 취소 때도 주최 측은 '불가항력적인 이유'라고 밝혔을 뿐이다. 하지만 중국 누리꾼들은 금방 '사드 때문'이라고 알아듣고 "광전총국, 잘했다"고 응원을 했다.

국가신문출판광전총국은 중국의 방송·영화·광고 등을 관할하는 장관급 부처인데, 방송사 관계자들을 불러 한류 콘텐츠 수입과 합작 금지 등을 하달했다는 소식이다.

1. 기사를 읽어 보면, 한류 금지령은 무슨 이유로 내려진 것인가요?

2. 한류 금지령은 우리나라와 중국에 어떤 영향을 미칠까요?

3. 우리나라도 다른 나라의 문화를 금지한 적이 있어요. 그것이 무엇인지 알아봅시다.

아직도 외국에 많이 알려지지 않은 다양한 고유문화와 대중문화가 많이 있어요. 외국 친구들에게 내가 가장 좋아하는 한국을 소개한다면 무엇을 소개하고 싶은가요?

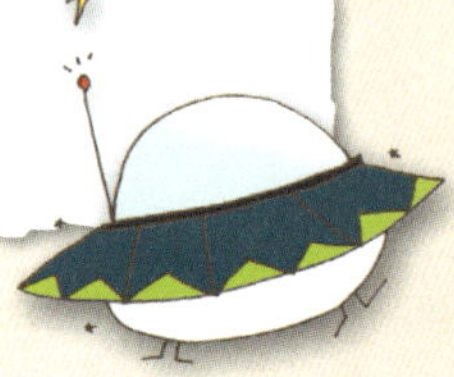

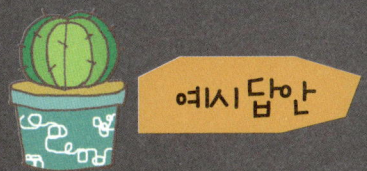 예시 답안

■ 한류는 어떻게 시작되었을까?

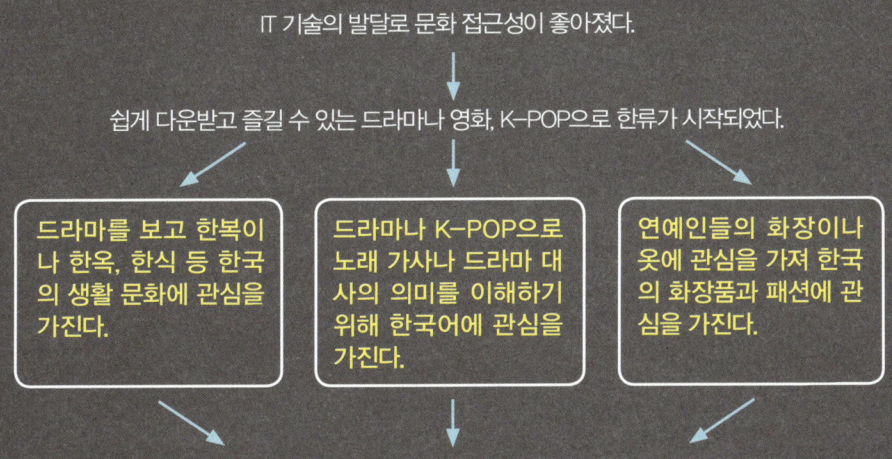

■ 한국의 진정한 가치는 무엇일까?

1. K-beauty란 무엇인가요?
드라마와 K-POP의 열풍으로 배우와 가수들의 패션과 화장법까지도 이슈가 되고 있다. 이러한 화장품, 헤어 등 한국의 메이크업 트렌드를 통틀어 K-뷰티라고 한다.

2. 한국의 뷰티 산업의 가치는 무엇일까요?
뷰티 산업은 미래 산업 중 하나라고 말할 수 있다. 우리나라 화장품은 좋은 품질에 가격도 합리적이라 해외에서 뜨거운 관심을 받고 있다. 뷰티 산업으로 유명한 프랑스와 미국에도 한국 화장품 브랜드가 인기를 끌 정도로 높은 경쟁력을 가지고 있다.

■ 중국의 한류 금지령은 우리나라와 중국에 어떤 영향을 미칠까?

1. 기사를 읽어 보면, 한류 금지령은 무슨 이유로 내려진 것인가요?
우리나라가 사드를 도입하겠다고 발표했기 때문에 이에 대한 보복으로 한류 금지령을 내렸음을 알 수 있다. 갑자기 우리나라 연예인의 팬 사인회가 취소되었고, 한일 군사비밀정보보호협정을 계기로 한류 스타가 등장하는 드라마, 광고, 영화의 방영이 금지되었다.

2. 한류 금지령은 우리나라와 중국에 어떤 영향을 미칠까요?
중국 정부가 한류 콘텐츠를 차단한다고 정책을 발표해도 인터넷과 통신의 발달로 한류 문화가 흘러들어오는 것을 완벽하게 막을 수는 없다. 하지만 여행이나 문화 산업의 위축은 우리나라뿐 아니라 중국에도 문화적 경쟁력의 위축을 가져올 수 있다.

3. 우리나라도 다른 나라의 문화를 금지한 적이 있어요. 그것이 무엇인지 알아봅시다.
우리나라도 광복 이후 일본의 대중문화를 전면 금지했다가 1998년부터 단계적으로 개방이 이루어졌다.